꽃들에게 안부를 묻다

꽃들에게 안부를 묻다

초판 1쇄 인쇄 | 2023년 09월 27일
지은이 | 이진영
펴낸이 | 이재욱(필명:이승훈)
펴낸곳 | 해드림출판사
주 소 | 서울 영등포구 경인로82길 3-4(문래동1가 39)
센터플러스빌딩 1004호(07371)
전 화 | 02-2612-5552
팩 스 | 02-2688-5568
E-mail | jlee5059@hanmail.net

등록번호 제2013-000076
등록일자 2008년 9월 29일

ISBN 979-11-5634-557-2

2023년 장애예술활성화 지원사업 선정
문화체육관광부, 한국장애인문화예술원 후원으로 출간되었습니다

꽃들에게 안부를 묻다

이진영 수필집

매일 꽃들에게 안부를 물으리라
저들에게 안부를 묻는 일은 또한 나 자신에게도
안부를 묻는 일이기 때문입니다.
살아간다는 건 함께 사랑해야 할
모든 생명과 약속을 지키는 일입니다.
그리고 끝없이 안부를 묻는 일입니다.

해드림출판사

책을 내면서

봄은 기다리고 기다리면
멈칫거리다 뒷걸음치다가
그렇게 다가오는데
미처 부르지도 못한 여름은 어느새 계절을 넘었네요

뙤약볕에 드러낸 알몸 위 데인 상처
채 쓸어주지 못했는데
스스로 깊은 아픔으로 걸쳐진 하루를 쓰다듬는
철든 바람 탓에
위로를 건네받습니다

바람 곁에 다가서는 가을의 걸음이 조신합니다
계절은 삶의 배경으로 쉼 없이 흐르고
한순간을 남겨두기 위해 '찰칵!'이라는
카메라 셔터 음이 여운으로 남듯
수필 한 편이
가을의
철든 바람과 함께 남습니다.

흐르는 계절을 건널 수 있게 언제나

제 손잡아 주신 하나님께 감사드립니다

가을 햇살 머무는 수리산 자락에서

설리 이선영

차례

2부 _ 비로소 아름다워지는 것들

3부 _ 봄날 피고 진 꽃에 대한

4부 _ 그리움은 자욱하게

1부 _ 가을의 햇살

햇살이 거실 너머까지 기웃거린다. 아직 따갑다.

하지만 한여름처럼 모든 걸 태워버릴 듯한 기세는 아니다. 나뭇가지 끝을 잡아당겨 하늘 가로 쑥쑥 크게 하려는 기세도 아니다. 그저 눈부시게 나뭇잎 끝자락에 앉아 수런거리고 있다.

가을의 햇살

햇살이 거실 너머까지 기웃거린다. 아직 따갑다. 하지만 한여름처럼 모든 걸 태워버릴 듯한 기세는 아니다. 나뭇가지 끝을 잡아당겨 하늘 가로 쑥쑥 크게 하려는 기세도 아니다. 그저 눈부시게 나뭇잎 끝자락에 앉아 수런거리고 있다. 그러나 햇살의 또 다른 음흉한 웃음이 다가선다. 뜨거운 지난여름을 견뎌낸, 헐렁한 잎들의 속내로 슬금슬금 들어설 준비를 하는 중이다. 젊음의 기세가 등등했던 푸른 계절엔 어림없는 수작 아닌가.

햇살은 건들거리는 바람과 작당하여 나뭇잎의 물기를 거둘 태세다. 나뭇잎들은 물기를 내어주고 다른 빛으로 물들어 한 해를 마무리하리라. 혹독한 겨울을 나기 위한 지혜이며 다음 해를 기약하기 위한 희망이라고 스스로 위로하면서.

이맘때쯤이면 어머니는 붉은 고추며 가지 호박을 썰어 뒤란에서 말리셨다. 물고추가 가득 담긴 자루를 힘겹게 끌고 나가시는 어머니의 하루하루는 햇볕 마중이었다. 하루만큼 또 하루만큼 고추는 햇살에 물기를 내어주고 점점 가벼워지느라 바빴고, 어머니는 고추의 무게를 가늠하며 김장을 준비하느라 분주해야 했다. 햇살 아래 빨갛고 푸른 채소들은 바싹하게 말라버렸다. 푸르렀던 계절을 기억 속에 재우고 다른 모습으로 변화시켜 또 다른 맛을 만들기 위해서다. 좀 더 오래 자신의 존재를 지키는 방편이기도 하다.

가벼워진 오가리들을 채소가 귀한 겨울날을 위해 한지로 만든 봉투에 넣어 부엌 시렁에 매달아 두었다. 모양새가 쪼글쪼글 볼썽사납게 변해 버렸지만, 한겨울에 호박오가리를 넣고 된장찌개를 끓인다든가 말린 가지를 물에 불려 나물을 해 먹는 일은 또 다른 별미였다. 지난 시간의 물기를 내어주고 가벼워진 채소들이 주는 귀한 선물이었다.

가을의 햇살 아래에 서 본다. 견딜 수 없을 만큼의 뜨거움이 아니다. 바람이 분다. 숨이 막힐 듯한 열기를 가득 안은 바람이 아닌, 속이 텅 빈 듯 흔들거리는 바람의 어깨가 다가온다. 저 햇볕과 바람이 나뭇잎처럼, 어머니의 푸성귀처럼 나를 변화시킬 수 있을까. 내 안에서 버려지지 않으려고 발버둥을 치는 온갖 욕심이나, 미움이나, 자만심, 이기심 등을 내려놓을 수는 없을까. 그것들이 나를 지탱하는 삶의 물기라고 여기며 붙잡고 있는데….

놓아야 할 때 놓을 줄도 알고 버려야 할 때 버릴 수도 있어야 다가올 계절을 맞이할 수 있으련만. 또 다른 맛으로 나를 변화시킬 수도 있으련만.

나는 지금 아직, 이라는 저항으로 몸살을 앓는 중이다.

근시안

멀리 있는 것이 잘 안 보인지가 꽤 오래되었다. 그렇다고 안경을 쓰지도 않고 그런대로 버티며 살아가고 있다. 거울을 깨끗이 닦지 않고 살아가듯이 흐릿한 시야로 세상을 바라다보면서 크게 불편해하지 않는 건 그 흐림에 익숙해져서이다. 우리 형제들이 다 안경을 쓰는데, 나만 안경을 쓰지 않는다고 부러움의 눈길을 보내지만, 사실은 그 불편함을 익숙함으로 바꿔서 살아가는지는 아무도 모른다.

자세히 보아야 예쁘다
오래 보아야 사랑스럽다
너도 그렇다.
나태주 / '풀꽃' 전문

다행히 가까운 것은 작은 글씨도 잘 보이니 풀꽃도 자세히 볼 수 있다. 그뿐인가 끈기와 집념이 있어서 쉽게 포기하지 않는 성품을 지녔으니 오래 볼 수도 있다. 시인은 멀리 것을 잘 보지 못하는 내게 멀리 보라고 요구하지 않는다. 가까운 곳을 무심히 지나치지 말고 자세히 보아 예쁜 구석을 찾아내라고 한다. 오래 지켜보면 너나 나나 정이 드니, 정만큼 대상을 사랑스럽게 보는 안경이 없다고 한다.

언제부터인가 더 많이 더 멀리 보려 하지 않는다. 그대가 멀리 있지 않기 때문이다. 늘 내 곁에서 내가 보아주기를 기다린다. 내가 안경을 쓰지 않는 첫 번째 이유다.

무거워요

아침에 일어나니 어깨가 몹시 아팠다. 팔을 움직일 수 없을 만큼의 통증이 어깨 전체를 누르고 있었다. 잠을 잘못 잤나 싶어 앞뒤로 팔을 흔들어 보았지만, 통증은 더 심해져 갔다. 결국, 병원으로 달려가서 엑스레이를 찍어보니 특별한 이상은 없었다. 의사는 무리하지 않았느냐고 묻는다. 그리고 며칠 치의 약을 처방받고 돌아왔다.

돌아오는 길에 등에 무거운 배낭을 멘 할머니를 만났다. 경동시장이 물건이 좋다면서 이것저것 주섬주섬 꺼내서 보여준다. 힘들지 않으시냐는 말에 "힘이야 들지. 그러나 집에서 놀면 뭐해 그냥 갔다 오면 기분이 좋아. 물건이 싸거든." 그분은 무겁다는 내색 없이 기분 좋은 표정이다. 만족이라는 감정이 그 무게를 가볍게 지고 가는 것 같다.

내 어깨를 돌아다보았다. 무얼 지고 가느라 그렇게 힘들었지? 참고 참다 비명을 지르기까지 난 무얼 했지? 만족보다는 늘 부족하다고 여기고 힘들고 고통스럽다고 여겼으니 세상을 가득 채운 공기도 내게는 버거운 무게였으리라. 먼지처럼 털어내도 다시 내려앉는 슬픔도 벗어버릴 수 없는, 나를 누르는 무게였으리라.

사람들은 겨울엔 추위를 가리느라 몇 겹의 옷을 껴입어도 벗어던지지 못하고 견딘다. 춥고 어려운 인생길, 살아 있기에 떨쳐버리지 못하고 지고 가야 하는 무게가 있다. 뿐인가. 같은 무게라도 처음에는 감당할 수 있다고 가볍게 지고 가다가 시간이 지날수록 자꾸 더 무거워지기도 한다. 미움도 원망도 안고 가면 무거운 법이다. 덜어내야 한다. 벗어버려야 한다, 그래야, 인생길 가볍게 갈 수 있다.

어쩔 수 없이 지고 가야 할 내 몫이라면 저 할머니처럼 만족이라는 보자기로 싸주어야겠다. 기분 좋은 무거움으로 바꿔줘야겠다. 만족과 감사는 지고 가는 무게를 줄여주는 처방이라는 것을 알게 되었다.

재난경보

스마트폰에 삐! 하는 소리와 함께 급하게 찍히는 문자가 있다. ‘호우 주의보, 폭염주의보, 폭설 주의보, 한파주의보’ 등등. 또는 ‘오늘 꽃샘 돌풍, 머리 위 간판을 조심하세요.’라고도 온다.

때도 가리지 않고 한밤중에도 뛰어드는 ‘긴급재난경보’에 소스라쳐 잠이 깨기도 한다. 기상청에서 일기를 미리 감지해서 외출을 자제하고 집 안과 밖을 살펴보라는 경고이다.

그런데 도심 속 아파트에 살다 보니 처음 문자를 받을 때보다 점점 심드렁하다. 비나 눈이 억수로 쏟아져도 무너져 내리는 산기슭에 사는 것도 아니요. 강물이 넘쳐 침수의 위험이 있는 강가에 사는 것도 아니다. 추우면 실내 난방 온도를 높여주면 되지 않나. 그저 자유로운 외출이 좀 불편하고 쫑이가 며칠째 산책을 못 했다고 중얼거리면서 우울해하는 정도이다.

농촌에 사시는 분들이 들으면 속 편한 소리를 한다고 할까 봐 죄송스럽기는 하다. 뙤약볕에서 농사일하시느라 일사병 위험도 있고 호우에 논밭이 침수될 염려도 있으니 경보가 얼마나 유익하겠는가.

만약에 인생에서도 개별적으로 희망이나 재난 그리고 사랑을 감지하는 고도로 발달한 기관이 있어서,

'사랑 경보' 사랑이 가까이 왔습니다. 한겨울에도 마음의 문을 활짝 여십시오.'

'희망 경보' 멀지 않은 거리에 희망이 와 있습니다. 절망하지 마시고 다시 한번 힘을 내고 기다리십시오. 포기, 절대 안 됩니다.'

'위험 경보' 지금 너무 편안하다고 방심하지 마십시오. 사업이 어려워질 수 있습니다. 무리한 투자를 자제하십시오.

이런저런 경보를 보내준다면 어떨까.

수없이 폭설 주의보와 혹한 주의보를 받을 만큼 춥고 눈이 많이 내렸던 지난겨울, 나는 오래 물 주지 않은 화분의 꽃처럼 시들고 있었다. 그때,

'당신은 심신이 너무 쇠약해졌습니다. 봄을 향해 여행을 떠나십시오.'라든가 '외로움이 깊어지면 마음의 창을 열어 보십시오.' 또는 단조로운 일상에 지쳤으니 '새롭고 흥미로운 일들이 다가올 것입니다.' 등등의 문자를 받아 볼 수 있었다면 어땠을까.

인공지능을 가진 첨단기구들이 등장하면서 꿈꾸지도 못했던 일들이 이루어지고 있다. 우리 인생사를 미리 짚어 경보를 보내주는 일도 불가능한 일은 아닐 것이다. 우리 마음을 헤아려 깨달음을 경보로 보내주는 일도 어렵지는 않을 것이다.

그러나 우리는 알 수 없는 내일을 기다리며 가슴 두근거리던, 설렘이라는 단어를 잊어버릴지도 모른다. 하루하루를 마무리하고 그 하루를 바탕으로 내일을 준비하는 삶을 기계에 맡기고 태만해질지도 모른다. 스스로 운명을 개척하고 성공을 향해 달려가던 발걸음이 게을러지고 매사를 소홀히 할는지도 모르지 않나.

광학 현상과 관련된 것 중 가장 많이 사용되는 '저녁노을은 맑음, 아침노을은 비'라는 속담이 있다. 굳이 일깨워주지 않아도 자연의 흐름 속에서 내일을 위한 지혜를 얻고 하루하루 최선을 다해서 성실히 살아가는 것이 가장 편한 방법이라는 생각도 든다.

그러나 '앞으로 나가십시오. 당신은 생각은 과거의 삶으로 후퇴하고 있습니다. 현실과 어긋나는 사상은 주위와 불협화음을 발생시킬 염려가 있습니다.'

급한 경보음과 함께 심각한 경보 문구가 스마트폰 문자로 뜬다면, 이렇게 심리상태와 처세술까지 일깨워 줄 수 있다면, 난 역시 첨단 문명 속에 살고 싶기도 하다.

빈티지한 사람

10년도 더 입은 청바지 무릎이 해졌다. 올이 풀리기 시작하더니 금세 속살이 드러나 보일 정도로 구멍이 나버렸다. 나이에 어울리지 않게 요즘 유행하는 찢어진 청바지를 입은 모양새가 되어버렸다.

요즘 청바지는 폭이 좁아서 입기 불편하다. 그래서 빛바래고 낡았지만 편안한 이 바지를 즐겨 입었다. 전 같으면 벌써 쓰레기통으로 가야 할 운명인데, 오히려 낡음이 주는 용어인 '빈티지'를 선물해 주는 것이 아닌가.

빈티지는 획일화해 가는 현대사회에서 개성 있는 자아를 찾아 다른 이들과는 차별된 이미지를 추구한다. 옛것을 현대적으로 재구성해 사람들에게 익숙함에서 편안함을 느끼게 하는 정서적 콘셉트다. '오래돼도 새로운 것(new-old-fashioned)'. 을 가리키는 말이라고 한다.

옷이나 가구, 주택, 소품 등에서도 빈티지가 유행하고 있다. 발재봉틀 받침으로, 매화 문양의 꽃 창살에 유리를 덮어서 탁자로 사용하기도 하고, 절구며 맷돌, 여물통을 거실이나 정원에 들여놓기도 한다. 디지털카메라가 유행하는 세상에서 옛날 필름카메라를 애용하는 이들도 있다.

일부러 더 많이 찢긴 청바지를 입고 다니는 이들이 많다. 나도 낡은 옷이 주는 궁핍한 상황을 덮어주는, 멋스러움으로 재탄생한 청바지를 입고 어깨를 으쓱거려본다. 시대의 흐름에 동참하는 기분이 과히 나쁘지 않다.

'나 아직도 멋지지 않아' 혼자 중얼거리면서….

그러나 보이는 것뿐이 아니라 옛사람 그 자체로 **'예스러우면서도 현대적인 멋을 지닌 그리고 개성 있고 편안한'** 그런 사람이 되고 싶다는 바람도 가져본다.

공중전화의 추억

오래전이다. 길을 가다가 공중전화에 잔돈이 남아있는 표시가 깜빡깜빡하면서 내 걸음을 멈추게 했다. 앞선 이가 전화기를 내려 놓지 않은 배려에 입가에 슬며시 웃음이 번진다. 불현듯 어디론가 전화를 해야 할 것 같은 생각이 든다. 물론 나 또한, 금방 산 전화카드를 잃어버린 채 그대로 남겨놓고 돌아선 기억도 여러 번이니, 뒤에 온 이가 나처럼 기분 좋아하면서 어딘가로 전화를 걸었을 것이다.

큰언니가 A 시에 살 때의 일이다. 전철역에서 내리면 언니에게 전화해야 차로 데리러 나올 수 있었다. 역 광장에는 공중전화가 몇 대 있었지만, 항상 줄이 길게 늘어져 내 차례까지 꽤 시간이 걸렸다. 통화가 길어지면 뒤에 서 있는 사람은 짜증을 내고, 심지어는 멱살을 잡고 싸움이라도 할 것 같은 기세다. “전화기

샀어. 자기 거야 뭐야?" 그뿐인가, 그로 인해 싸움이 커져서 더 심한 불상사가 났다는 신문 기사도 본 적이 있다.

어떤 이가 연애 시절 이야기를 들려준다. 스산한 겨울 저녁, 동전 한 움큼 바꿔 들고 공중전화 부스로 들어가서 사랑하는 이에게 전화를 걸었다. 부지런히 동전을 넣으며 추운 줄도 시간 가는 줄도 모르고 이야기를 하다 보니 어느새 밤은 깊어가고 동전도 바닥이 났다. 그래도 못다 한 말들을 주섬주섬 거둬들이며 아쉬운 작별을 하고 나오는데, 그 사이 눈이 내려 전화 부스 앞에 수북이 쌓여 있었다. 함께 나눴던 이야기가 가슴속에 다시 흰 눈으로 내리는 길을 포근포근 밟고 집으로 돌아왔다. 왜 전화카드를 쓰면 편리하지 않으냐고 했더니 철컥철컥 동전 떨어지는 소리가 시간의 배경음처럼 듣기 좋았다고 했다.

요즘은 거리 어디서도 공중전화 찾기가 어려워졌다. 공중전화의 필요성이 사라졌기 때문이다. 다급한 연락을 하러 초조하게 줄 서서 기다리지 않아도 되고, 정다운 이의 목소리도 언제든지 들을 수 있다. 모두 어디서나 통화가 가능하고 편리한 이동전화를 들고 다니기 때문이다.

그러니 이젠 공중전화 때문에 싸우는 사람도 없다. 누군가가 남기고 간 시간 표시에 횡재한 듯이 달려가던 기쁨도 없다. 연말이면 한국통신 다니던 친구가 나눠주던 3,000원짜리 전화카드 선물도 아득하다. 눈 내리는 밤에 한 남자가 공중전화 부스에서 동전을 넣으면서 사랑하는 이와 끝없이 이야기를 나누던 영화 같은 풍경도 사라졌다.

그래도 길을 가다가 어느 모퉁이에서 만났던 공중전화가 문득 생각난다. 마치 꼭 한 번 다시 방문하고 싶은 여행지처럼 그리움의 장소가 된 것이다. 그 순간 듣고 싶은 목소리가 떠올려지고 가슴 두근거리며 다이얼을 돌리던 젊은 날의 내 모습이 그곳에 남아있기 때문이다. "거기 어디야?" 수화기를 통해 들려오던 푸근한 그 목소리도 아직 내 귀가에 이명처럼 남아있다.

꽃 심는 사람

내가 사는 아파트 정원은 오래되어서인지 키가 크고 몸집 실팍한 나무들로 울창하다. 화단에는 철이 바뀔 때마다 색색의 꽃들이 피어나니, 크고 아름다운 정원을 지닌 이와 견주어도 부럽지 않다. 내 이름으로 등기는 안 했지만 내 안으로 가득 들어서는 내 것이기 때문이다.

여름으로 들어설 무렵이면 '바위취'라고도 하고 '범의귀'라고도 하는 꽃이 무리 지어 화단을 신비롭게 만든다. 잎도 아름답지만 긴 꽃대에 앙증맞게 매달린 작은 꽃이 사랑스럽다. 어느 날 장난꾸러기 요정이 하늘의 별을 따다가 돌 틈에 몰래 숨겨놓았다. 그런데 하늘로 다시 돌아가고 싶은 별들이 날개를 달고 아무리 빙글빙글 돌며 날아오르려 해도 요정의 마법 때문에 날 수 없어 둘 틈에 뿌리를 내리고 살아가게 되었다고 한다.

그래서인가 늘 축축한 눈물을 머금은 듯한 둥근 잎 사이로 별 모양의 흰 꽃들이 반짝인다. 어린 시절 우리 집 연못가에 피었던 꽃인지라 더 정겨워서 오랫동안 그 앞에 서 있곤 했다. 그러나 어느 해 지독한 가뭄 탓에 하나둘 자취를 감추고 말았다. 어쩌면 마법에 풀려 다시 하늘로 돌아가 별이 되었는지도 모르겠다.

어느 날 집으로 들어가기 전에 화단을 둘러보다가 한 여인을 만났다. 50대 초쯤 되어 보이는 그는 커다란 함지박에 꽃모종을 가득 담아서 나와 심는 중이었다. 나무 밑이라 햇볕도 많이 들지 않고 토양도 건조하여 제대로 성장할 수 있을까, 염려하는 내게 그냥 빙긋이 웃으며 열심히 땅을 파고 있었다. 그리고 그 후에도 가끔 긴 호수로 물을 끌어다가 심어놓은 꽃에 물을 주는 모습을 볼 수 있었다.

몇 년 후, 하얀 별꽃 '범의귀' 그 아쉬움의 빈자리를 채워준 것은 그 여인이 심어놓은 비비추였다. 어느새 화단을 가득 채울 만큼 자란 비비추의 보랏빛 꽃대가 너울대는 잎사귀와 어우러져 축제의 분위기를 만들고 있었다. "괜찮아. 내가 있잖아" 하면서.

나만의 것이 아닌 우리 모두를 위하여 꽃을 심어준 이가 있어서, 나는 여전히 멋스러운 정원을 가진 이가 되었다. 어디 사는

지도 이름이 무엇인지도 모르는 그 사람이 참 고맙다고 여기다가, 혹 그 여인은 하늘로 간 별들이 보낸 천사가 아닐까 하는 생각을 했다. 천상의 정원에서 가져온 꽃을 듬뿍 심어주고 하늘로 갔는지, 다시는 그를 볼 수 없었기 때문이다.

감기를 앓으며

얼마 만인가, 감기와 반갑지 않은 만남이. 그동안 아무리 추워도 감기 걱정은 하지 않아도 된다고 은근히 큰소리치면서 살아오지 않았나. 사실은 어린 시절엔 감기를 내 몸 한 부분인 것처럼 달고 살았다. 잦은 감기로 인해 어린 조카가 있음에도 아랫목을 차지한다든가, 식구들로부터 온갖 특혜를 다 받으면서도 전혀 고마워하지 않았지만….

어머니가 돌아가시고 난 후, 그 빈자리로 인해서인가 그해 겨울이 너무 추었다. 오슬오슬한 한기와 자지러들 듯한 기침이, 나갔다 싶으면 다시 찾아왔다. 겨우내 잦은 기침으로 콜록거리다가 벌떡 일어나서 창을 활짝 열어젖혔다. 갇혀있던 탁한 공기가 나간 틈으로 차갑지만, 신선한 공기가 밀려 들어왔다. 언제까지 한기를 안고 나약한 모습으로 살 건가. 버팀목이 없으면 스스로 서서 살아가야 하는 방법을 익히고 강해져야 한다는 이치를 어렴풋이 깨닫는 순간이었다.

건강을 위해서 끼니 거르는 법 없이 혼자서도 열심히 음식을 해서 먹었다. 상처 입기 쉬웠던 마음에도 두꺼운 방어막을 쳤다. 웬만한 일이라면 껄껄 웃어버리자. 상처도 감기도 약한 부분을 틈타서 들어오는 것이다. 내 몸에 면역력 키우면 그까짓 것들은 두려워할 필요가 없다고 하면서. 그렇게 지난 몇 년을 웬만한 추위는 거뜬히 견디고 감기 걱정 없이 씩씩하게 살았다.

그러나 영원한 건 없다고 하지 않던가. 새해 폭설과 강추위가 찾아왔다. 꼼짝없이 집안에 갇혀버린 신세가 됐다. 난방을 계속 가동했지만, 지난해 무지개다리를 건너간 견공, 쫑이 없는 공간에 써늘한 바람이 어슬렁거렸다.

그러고 나서다. 오랜만에 반갑지 않은 손님이 찾아왔다. 목감기가 슬그머니 들어선 것이다. 처음에는 그저 슬쩍 안부 정도나 묻는 수준이겠지 했다. 하지만 감기가 어디 혼자서 가볍게 오는 손님인가. 거느린 식솔들도 만만치 않고 상대편 봐가면서 힘자랑을 톡톡히 한다. 첫 번째 낮게 가라앉은 목에서 쉰 소리가 났다. 다음으로 콧물이 주체할 수없이 떨어진다. 그리고 기침이다. 이 세 가지 증상이 합세하여 날 괴롭히기 시작했다. 그뿐인가 입맛도 떨어졌다. 웬만한 음식은 통 입에 대기도 싫다.

어느 누가 사랑은 감기처럼 온다고 했다. 그리고 감기처럼 떠난다고 했다. 어느 날 그도 감기처럼 내 가슴속으로 슬그머니 들어섰다. 예측할 수 없던 일이다. 그저 가볍게 지나칠 줄 알았는데 무수한 사랑의 단어들을 속삭여 주니 오슬오슬 열꽃을 피웠다. 때로는 내 마음 다 헤아려주지 못하니 콧물 눈물 쏟으면서 원망도 했다. 먼 곳에 있으니 밤새워 탁한 담처럼 그리움을 뱉어내야 했다. 감기도 사랑의 아픔도 약이 없다고 한다. 아플 만큼 아파야 물러간다. 아픔을 견디고 스스로 자신을 다스리며 시간이 주는 처방만을 따를 뿐이라고.

시간의 약효 덕분인가. 내 온몸을 감싸고 있던 감기의 온갖 증상으로부터 서서히 놓여나는 느낌이다. 아직 목소리 끝이 비음(鼻音)을 안고 있지만 긴 터널 끝이 희뿌옇게 보인다. 오래전 가슴 한쪽으로 들어섰다가 소리 없이 떠난 그 사람처럼, 감기도 그렇게 떠났다. 나는 다시 일상으로 돌아가리라. 단조로운 내 삶에 베인 듯 아린 선 한 줄 그어놓고 아무 일 없다는 듯이.

문단속 잘하세요

화가 났다. 이야기하던 중에 전화가 끊어졌다. 난 상대편이 전화를 끊을 줄 알고 기분이 나빴고, 상대편은 오히려 내가 전화를 끊었다고 화를 내며 들이댔다. 감정이 걷잡을 수 없이 끓어올랐다. 영화에 나오는 헐크처럼 내 안에 또 다른 내가 분노를 견디지 못하고 폭발하기 일보 직전이다. 혈관이 모두 팽창해서 터질 것 같았고 얼굴은 일그러져서 악마처럼 변하고 있는 것 같았다.

이기주 작가는 '분노를 대하는 방법에서' 이렇게 말했다.

극지에 사는 이누이트족들은 분노를 현명하게 다스린다고 한다. 아니 놓아준단다. 화가 치밀어 오르면 하던 일을 멈추고 무작정 걷는다고 한다. 분노의 감정이 스르륵 가라앉을 때까지. 그리고 충분히 멀리 왔다 싶으면 그 자리에 긴 막대를 꽂아두고 온다. 미움과 원망으로 얽히고설킨, 그래 누군가에게 화상을 입힐지도 모를 지나치게 뜨거운 감정을 그곳에 남겨놓고 오는 것이다.

활활 타오르는 분노는 애당초 내 것이 아니라 내가 싫어하는 사람에게서 잠시 빌려온 것인지 모른다. 빌려온 것은 내 것이 아니므로 빨리 돌려주어야 한다. 격한 감정이 날 망가뜨리지 않도록 마음속에 작은 문 하나 열어놓고 살아야겠다. 분노가 내게서 쉬이 달아날 수 있도록 해야 하니까.

나도 터질 것 같은 분노를 다스리기 위해서 두 눈을 감고 입을 다물고 가슴을 지그시 누르고 큰 숨을 내쉬고 들이쉬기도 하면서 견뎠다. 얼마큼 지났을까. 놀랍게도 뜨거운 바람이 서서히 내 몸 밖으로 빠져나가는 걸 경험했다. 아마 내게 화를 낸 사람도 다른 이유로 화가 많이 나 있는 상태가 아니었을까. 그 분노를 가슴에 꽉 채우고 사방을 두리번거리며 화낼 거리를 찾고 있었는지도 모른다. 문을 열어놓지 않았으니 결국 분노는 자신 안에서 폭발한 것이다. 나 또한 대수롭지 않은 일에 걷잡을 수 없이 부들부들 떨면서까지 화를 내려 했던 일이 부끄럽다는 생각이 들었다.

나이를 먹으면 화를 더 많이 낸다고들 하는데, 노화된 감정의 혈관이 좁아져서 흐름이 원활하지 못하고 막히기 때문에 화를 잘 내보내지 못하고 품고 있기 때문인지도 모른다. 나도 요즘 상대편에게 마음이 상하거나 말 한마디에도 섭섭해지는 일이 자주 생기는 것 같다. 이것도 나이를 먹은 증상이 아닐까.

내 안에서 나서지 못하는 화를 위해서도, 밖에서 들어오지 못하고 서성이는 기쁨을 위해서도, 문이 닫히지 않았는지 수시로 살펴보아야겠다.

홀로 시상식

연말이 되면 방송국마다 시상식을 한다. 일 년 동안 드라마 부분에서, 음악 부분에서, 분야별로 신인상을 주고 인기상을 주고 작품상에 주연상 등 각각의 이름으로 상을 준다.

신인상은 그 배우의 일생을 통해 한 번밖에는 탈 수 없는 상이다. 다음 해에는 또 다른 신인이 나와서 그 상을 타기 때문이다. 수상자들은 나와서 꽃다발을 가득 안고 소감을 말한다. "감사합니다. 함께해 준 **님께 **님께 감사드립니다."

시상식을 볼 때마다 수상자들은 고마운 분들의 이름을 열거한다. 다소 지루하다고 여기면서도 내가 만일 수상자라면 어떤 소감을 말할까? 생각해 본다.

신인상은 오래전에 탔을 것으로 생각하니 수상 소감이 어떠했는지 기억에 없다. 첫돌쯤이라 여기니 아버지 엄마께 감사한다는 말도 못 했을 것이다. 그저 귀엽고 천진한 웃음으로 살아온 한 해를 뽐냈으리라.

문득, 살 만큼 살아온 이즈음에 1년에 한 번씩 나를 위한 시상식을 하고 싶다는 생각이 든다. 힘들었지만 나름 쉬지 않고 내 삶에 충실하기 위해 노력했으니, 굳이 이름을 붙이자면 '특별상'이나 '노력상' 정도겠지. 그리고 저들처럼 수상 소감도 말해야 할 것 같다. 꽃다발도 한 아름 마련하고.

'우선 하나님께 감사드립니다. 맡은 소임의 성과는 미미했으나 지켜보아 주셨기에 다시 한 해를 무사히 마칩니다. 다시 **님께 **님께 감사합니다.'를 하려다가 눈물을 글썽인다. 하늘나라에서 나를 위해 기도해 주시는 부모님이 생각났기 때문이다. 그분들의 염려와 사랑으로 용기를 잃지 않고 살아왔다. 오빠 언니들도 늘 한결같은 염려로 고마웠다고 말하리라. 곁에 있어서 큰 위로와 기쁨이 되었던 친구들과 문우(文友)들도 그리고 슬프고 적적한 나에게 웃는 방법을 가르쳐 준, 이제는 곁에 없는 견공 쫑이에게도 정말 고마웠다고 전해본다.

그렇게 감사의 인사와 꽃다발 속에서 연말 시상식을 끝내고 다음 해를 기약해 본다. 햇살 기웃 넘어가는 창가에 비친 내 그림자가 혼자 손뼉을 쳐주고 있다.

2부 _ 비로소 아름다워지는 것들

컵과 그릇들이 온통 깨어지고, 그것들을 다시 붙인 설치물들에 새로운 것들을 담아 보여주었습니다.

본래의 기능을 상실하였지만 다른 용도로 쓰일 때 새롭고도 특별한 정체성을 가질 수 있다는 것을 보았습니다.

오히려 더 멋스러웠습니다.

비로소 아름다워지는 것들

요즘 베란다에 부양가족이 하나씩 늘고 있습니다. 어려운 세상에 왜 부양가족을 늘리느냐고 하시겠지만, 군자란은 새끼를 쳐서 포기를 나누어 심어주었죠. 문우 한 분이 공작선인장을 주었습니다. 친구에게서 부겐빌레아와 문주란도 얻어왔습니다. 그러니 늘어나는 꽃 식구들을 위해 화분이며 받침 등을 장만하고 관리하는 일이 쉽지 않습니다.

이런저런 궁리 끝에 사용하지 않는 작은 질시루 2개를 화분으로 용도변경을 했습니다. 사실 한쪽 귀퉁이가 좀 깨어져서 버릴까 했습니다. 그러나 질 시루가 지닌, 매끄럽지 않고 거만해 보이지 않은 소박한 모습이 그냥 버리기에는 아깝더라고요. 청회색의 은은한 빛깔도 마음에 들었거든요. 튼튼하게 몸매를 유지하라고 옷걸이 철사를 펴서 몸 둘레를 한 바퀴 감아주었습니다.

또 있습니다. 어머니가 생전에 아끼시던 줄무늬 고추장 항아리는 몇 대조 할머니 때부터 쓰시던 겁니다. 고추장을 담아 놓으면 신기하게도 맛이 좋다고 하셨지요. 모양새가 약간 불균형을 이룬 것이 특이하다는 생각이 들어서 나도 좋아했습니다. 그런데 아랫부분이 깨진 틈이 생겼는지 물을 담아보니 줄줄 새더군요. 아까웠습니다. 그러나 이것도 화분으로 사용하면 좋겠다는 생각이 들었습니다. 뿐인가요. 이가 빠진 접시들이 버림을 당할 위기에서 화분 받침으로 선택되었습니다.

금 간 놋 주발이 있습니다. 시퍼런 녹을 지난 세월만큼의 두께로 안고 있습니다. 버리자니 안고 있는 사연이 애처롭고 그대로 두자니 모양새도 쓰임도 보잘것없어 보입니다. 식탁 한쪽에 두고 촛대 받침으로 쓰면 어떨까 하는 생각을 했습니다. 당장 전등을 끄고 꽃향기 나는 초에 불을 붙여 주발에 올려놓으니 제법 운치 있어 보입니다. 촛불은 먼 시간 속 어느 아라비안 천막 안의 신비스러움처럼 그림자를 안고 흔들거립니다.

작은 시루나 항아리들은 젊고 건강할 때 살림살이의 한 역할을 맡아서 소중한 존재였으련만, 깨지고 금 가고 필요 없는 존재가 되어버렸습니다. 아무도 눈길을 주지도 않고 제 할 일도 잃었다고 슬퍼 보였습니다. 그래도 오늘은 한 생명을 품고 키울 수 있음에 감격스러워합니다. 한때의 영광은 잃었지만, 화분 받침으로 새롭게 선택된 꽃무늬 접시들이 우쭐거립니다. 하긴 물줄기가 흐르고 푸른 줄기가 쑥쑥 자라는 소리를 안고 있으니 새로운 행복감으로 벅찰 것입니다. 금 간 놋 주발은 어둠을 밝히는 빛을 담고 있으니 더욱 빛나 보입니다.

'broken beauty- 우리는 얼마나 깨어지고 가난해져야 비로소 아름다워지는 것입니까…'라는 시적인 긴 제목을 그대로 전시 주제로 삼은 심정아 작가의 설치작품이 생각납니다. 컵과 그릇들이 온통 깨어지고 그것들을 다시 붙인 설치물들에 새로운 것들을 담아 보여주었습니다. 본래의 기능을 상실하였지만 다른 용도로 쓰일 때 새롭고도 특별한 정체성을 가질 수 있다는 것을 보았습니다. 오히려 더 멋스러웠습니다.

나도 한때 건강의 상실로 내 몸이 산산이 부서졌다고 자탄했습니다. 절망도 했습니다. 작은 일상의 그 무엇이라도 담기에 벅찼으니 쓸모없는 존재라며 세상 속으로의 걸음을 두려워했습니다. 몇 겹으로 감싸고 가려도 다 감출 수 없는 아픔으로 인해 한없이 작아진 내 모습이 초라해 보였습니다.

그러나 내 정지된 삶 속에서도 시간은 흘렀습니다. 그 시간은 꽁꽁 감싸 안은 마음의 껍질을 서서히 깨뜨렸습니다. 그 안에 도사리고 있는 작은 나를 일으켜 세웠습니다. 주저하는 내게, 할 수 있는 일이 참 많다는 용기를 건네주었습니다.

있는 그대로의 모습을 인정하고 조심스럽게 세상 밖으로 나섰을 때 정말 내 그릇에도 담을 수 있는 것들이 있었습니다. 꿈의 씨앗을 담고 키우듯이 그림을 그렸습니다. 글을 쓰면서 감동이라는 작은 촛불을 켰습니다. 깨어졌기에 비로소 더 소중한 이전과 또 다른 내가 되었습니다.

꽃들에게 안부를 묻다

말 못 하는 짐승이었지만 작은 생명에게 사랑을 주었던 시간은, 맑은 물이 흐르는 수로(水路) 같았다. 지난 16년 동안 내 사랑은 물이 되어 쉼 없이 흘렀다. 그 물가에 피던 작은 풀꽃처럼 소소한 행복을 되돌려 주던 견공 쫑이를 지난해 하늘나라로 보내고 나서는, 다시는 생명 있는 것들을 책임지지 않겠다고 다짐했다. 생명이란 유한한 것이라 언제나 우리 곁을 떠날 수 있기 때문이다. 물길 같은 사랑을 끊어내는 일도 감당하기 어려운 아픔이었기 때문이다.

내 마음은 바싹하게 말라 갔다. 먼지들이 풀풀 일어나서 이곳저곳을 떠다니다 다시 주저앉곤 했다. 나는 먼지들 속에 쌓여서 온종일, 앉았다 있어 섰다 하면서 꼬리치는 쫑이의 기억을 쫓아다니고 있었다. 그러던 어느 날이다. 잊고 있던 베란다에 화초들을 바라다보았다. 모두 시들시들하다. 지난겨울 작은 나팔 같은 꽃송이를 줄줄이 매달았던 선인장들도, 나를 위로라도 하는 양 전보다 일찍 펴서 붉은 자태를 뽐내던 군자란도 잎이 쭈글쭈글하다.

시든 잎줄기들을 가만히 만져보았다. 미안했다. 애처롭기도 하다. 나에게 선택되어 눈길 주고받으며 산지가 길게는 20여 년, 짧게는 1.2 년이다. 손길 닿는 자리마다 푸르게 성장했고 눈부시게 꽃을 피워 보답도 했다. 소리 없이 눈빛만 보아도 서로의 심사를 헤아릴 만큼 살아오지 않았나 싶다.

서둘러 물을 주고 비료도 얹어주었다. 내친김에 시든 잎들을 떼어내 깨끗하게 정리도 해주었다. 그러고 나서 넌지시 말을 건넸다.

"미안해, 쫑이와의 이별이 너무 힘들었어. 겨울에 상당히 추웠지? 목도 말랐지?"

나의 변명에 화초들은 원망의 눈빛을 쉽게 접지 못하고 시무룩한 표정이었지만, 얼마 후 고개를 끄덕이는 듯도 하고 생기가 도는 듯하다.

한 생명을 보냈지만, 아직도 나는, 나 자신은 물론이거니와 함께 사랑해야 할 생명과의 약속이 남아있다는 걸 잊었다. 무심했던 나를 나무라며 앞으로 매일 꽃들에게 안부를 물으리라, 손잡아주고 다독거려 주리라 다짐했다. 저들에게 안부를 묻는 일은 또한 나 자신에게도 안부를 묻는 일이기 때문이다.

살아간다는 건 약속을 지키는 일이다. 책임을 지는 일이다. 그리고 끝없이 모든 대상에게 안부를 묻는 일이다.

손수건-1

나는 손수건입니다. 설마 손수건을 모르는 사람은 없겠지요. 몸에 지니고 다니면서 쓰는 얇고 작은 수건을 말합니다. 타고난 성품이 따뜻하고 부드러워 사람들, 더운 날 땀도 닦아주고 슬픈 날은 눈물도 닦아줍니다. 물론 원치 않게 묻은 오물도 닦아내 줍니다. 그런데 한세상 손수건으로 살아오면서 요즘처럼 무료하고 재미없는 날들이 없는 것 같아요. 어떤 날 혜성처럼 등장한 휴지나 물티슈에 설 자리조차 빼앗기고 뒤에서 쭈뼛거리고 있으니 말이지요.

늙는다는 건 미래를 꿈꾸기보다는 추억을 들추어내며 사는 거라지만 나도 늙었나 봅니다. 어제 속에 내가 얼마나 없어서는 안 될 귀한 존재였는지를 한번 들춰내 보겠습니다.

오래전 초등학교 입학식 날입니다. 지금처럼 유치원이나 학원 등 입학 전 사회활동이 활발하지 않았던 아이들은 엄마 손을 잡고 처음으로 세상 밖으로 나왔습니다. 가슴 두근거리면서 학교 문으로 들어섰지요. 한쪽 가슴엔 나를 접어서, 행여 잊어버릴까 봐 옷핀으로 꼽았어요. 코 흘리고 침 흘리면 닦으라며 달아주는 겁니다. 늘 엄마 뒤 졸졸 따라다니니 행주치마나 옷소매로 쓰윽 닦아 주었는데, 하얀 손수건을 훈장처럼 가슴에 달았으니 아이도 나도 으쓱댔지요. '아, 이제 다 컸구나.'

아이들은 크면서 더는 나를 가슴에 달고 다니지는 않았습니다. 그건 코흘리개 어린아이나 하는 거라 여겼겠지요. 그러나 그 시절 손수건 돌리기 놀이를 많이 했습니다. 아이들이 둥글게 앉아 있으면 술래가 손수건을 잡고 돌다가 어느 아이 뒤에 놓아주는 겁니다. 아이는 이것을 빨리 알아채라고 다시 손수건을 들고 뛰면서 똑같이 다른 아이 뒤에 놓아줍니다. 내게 주어진 기회를 잽싸게 알아차리고 또 누군가에게 넘겨주는 놀이였지요. 재미있고 신났어요. 기회를 빨리 감지하고 대체해야 하는, 세상 이치를 깨닫게 해주는 놀이였어요. 알아채지 못하면 내가 더 안타까워 몸을 들썩이고 소리치고 싶기도 했답니다.

그런데 아이들은 정말 금세 크더라고요. 어느결에 이성 친구를 마주 보면 얼굴을 붉히며 부끄러워하기도 하고 또 사귀고 싶어하기도 하니 말이죠. 내가 인연을 맺어준 만남도 적지 않답니다. 무슨 손수건이 인연을 맺어주냐고 하겠지만요. 정말이에요. 수줍은 듯하나 꾀가 많은 영희 씨가 잘생긴 철수 씨를 유혹했던 때인데요. 나를 슬그머니 땅에 떨어뜨리더라고요. 뒤에 오던 철수 씨가 손수건을 집어주니까. "어머, 어머, 고맙습니다. 고마워서 차 한 잔 대접하고 싶은데요." 그래서 그 후 만남으로 이어졌다는 것에요. 그 당시 꽤 유행했던 방법이었는데, 나도 괜스레 가슴이 두근거리고 흐뭇해지더라고요. 물론 못 보고 그냥 가버리는 일도 있었어요. 그럴 땐 그냥 내가 버림을 당한 듯 겸연쩍었어요.

나는 꽃무늬, 체크무늬, 온갖 색의 옷을 다 입어보았지만요, 노란색 옷을 입고 나무에 걸려서 교도소에서 출소하는 남편을 기다리던 때가 젤 감격스러웠어요. 뉴욕 교도소에서 3년을 보내다 가석방돼 고향으로 돌아가는 빙고가 그 주인공인데요, 빙고는 임시 석방이 결정되자 아내에게 자신을 용서하고 받아들일 생각이면 마을 어귀 참나무에 노란 손수건을 매달아 달라고 편지를 보냈습니다. 손수건이 보이지 않으면 버스를 타고 지나쳐 가겠다는 것이었죠. 그런데 버스가 마을 어귀에 이르렀을 때 버스 안에서는 일제히 함성이 터져 나왔습니다. 참나무는 온통 노란 손수건의 물결로 뒤덮여 있었거든요. 아, 그때 나는 감격에 겨워서 온몸을 흔들었지요.

그러나 만나면 또 이별이 있겠지요. '헤어지자고 보내온 그녀의 편지 속에 곱게 접어 함께 부친 하얀 손수건 / 고향을 떠나올 때 언덕에 홀로 서서 눈물로 흔들어 주던 하얀 손수건' 트윈폴리오의 '하얀 손수건'은 나나 무스쿠리의 (Me T'Aspro Mou Mantili)를 번안한 곡입니다. 대단하지요. 내가 노래의 가사에도 등장한 겁니다. 그러나 이별은 슬프지요. 슬프면 눈물이 나올 거고, 그래서 손수건을 보내나 봅니다. 눈물을 펑펑 쏟으면 내 몸 다 받쳐서 위로도 해주었어요.

사람들은 아침이면 깨끗한 손수건을 몸에 지니고 하루를 시작합니다. 저녁이면 하루 속에 만난 힘들고 고달픈 시간을 손수건으로 닦아내고 마무리합니다. 그러나 그렇게 배인 사연을 깊이 생각하는 사람이 몇이나 있을까요? 매일같이 빨아서 깨끗한 손수건을 갖는 사람들과 달리 휴지나 물티슈를 쓰는 사람들은, 더러움을 털어내듯이 그 속에 새겨진 자신의 슬픈 눈물과 이별을 그저 던져버리고 마는 것은 아닐까요?

어느 소설가는 항상 손수건을 두 개를 가지고 다닌다고 합니다. 하나는 본인의 눈물과 땀을, 다른 하나는 타인의 눈물과 허물을 닦아주기 위해서라고요. 눈물도 세상 더러움도 감싸 안은 채. 가장 가까이서 많은 사람을 지켜주며 사랑도 위로도 건네줄 수 있는 나는, 여전히 귀하고도 정다운 존재인 겁니다.

손수건-2(하얀 손수건)

때로는 이별하면서 살고 싶은 것이다 / 가스등이 켜진 추억의 플랫폼에서 마지막 상행선 열차로 그대를 떠나보내며 / 눈물에 젖은 손수건을 흔들거나

-중략-

가을 저녁 그대가 흔드는 작별의 흰 손수건 / 내 생애에 가장 깨끗한 눈물로 적시고 싶은 것이다.

정일근 / '가을 억새' 중

1. 눈물에 젖은 손수건을 흔들면서 이별을 해 본 적이 있나요?

시인은 때로는 이별하면서 살고 싶다고 했습니다. 이별은 서로의 마음에 쓰라린 생채기를 남기는 것만이 아니라, 그 자리에 새살을 돋게 하며 서로의 소중함을 돌아볼 수 있게도 합니다. 미워서가 아니라 어쩔 수 없는 운명 때문에 그와 헤어진 자리. 다

시 돌아오겠다는 약속은 지켜지지 않았지만, 추억의 플랫폼에 여전히 그가 손을 흔들고 있습니다. 빛바랜 흰 손수건을 흔들고 있습니다. 그런데 왠지 이별의 흰 손수건은 여인이 흔들어야 어울릴 것 같은 생각이 듭니다. 남자인들 왜 눈물이 없겠어요. 그러나 남자는 속울음이 더 어울릴 것도 같습니다. 속울음을 닦아줄 수 있는 것도 그의 가슴속에 소중히 개켜놓은 흰 손수건이라야겠지요.

2. 내 생애 가장 깨끗한 눈물은?

우연히 채널을 돌리다가 멈춘 곳, 티브이 '다큐멘터리 3일'이라는 프로입니다. 남들이 가기 어려운 가장 낮은 곳으로 가는 청춘들, 성사를 집행하고 미사를 드리는 성직자인 '사제'가 되고자 하는 이들의 이야기가 방송되고 있었습니다. 평생을 신께 바칠 결심과 각오를 해야 가질 수 있는 이름. 후보자들은 긴 수련의 시간을 거쳐서 비로소 새로운 사제로 태어나는 것입니다. 비장하면서도 숙연하고, 바라보는 이들에게도 알 수 없는 슬픔이 목 안으로 꽉 차오르는 듯했습니다. 선배와 후배 신학생들은 온갖 정성을 다해 서품식 행사를 준비합니다. 후배들이 하얀 손수건을 차곡차곡 반듯하게 개켜 준비해 놓았습니다.

세상을 위해 세상을 내려놓아야 하는 그분들이 흘리는 눈물은 어떤 의미일까요? 다 내려놓았다 하지만 다시 지고 가야 할 성직자로서의 가볍지 않은 무게가 겨울 산의 눈 녹은 물처럼 흘러내려 눈물의 강이 될는지도 모릅니다. 가장 낮은 자세로 신에게 모든 것을 바쳐드리는 그 순간의 벅찬 감격일 수도 있습니다.

사람은 언어가 무력해질 때 웁니다. 그래서 말로 풀어낼 수 없는 것들을 풀어내야 하는 그분들의 눈물. 그 눈물을 받아내기 위하여 준비된 하얀 손수건은 세상에서는 가장 순수한 빛입니다. 문득 그런 생각이 듭니다. 신부님들이 그날의 손수건을 빨지 않고 그대로 간직했으면 좋겠다고요. 가장 귀한 순간의 눈물이 밴 손수건이기 때문이지요.

3. 어떤 분이 6·25 전쟁 때, 이북에서 단신 월남을 했습니다.

고향 집을 떠나 강을 건너려 하는데 어머니가 울면서 따라오셨답니다. 혈혈단신으로 떠나보내는 아들에게 흰 손수건에 쌍 금가락지를 꼭꼭 묶어서 주더랍니다. 너는 꼭 살아야 한다고 몇 번이고 다짐하면서, 금가락지는 어렵고 힘들 때 팔아서 쓰라고요.

타향에서 힘들게 살아가느라 금가락지는 금세 팔아버릴 수밖에 없었을지도 모릅니다. 그러나 그분은 그 하얀 손수건만은 그대로 간직하셨을 겁니다. 어머니의 마지막 이별의 눈물이 담긴 그리고 자신의 절절한 그리움이 담긴 눈물로 적신 손수건이었기 때문입니다.

우리 살아가는 모든 날 속엔 눈물이 있습니다. 슬퍼서도 울고 기뻐서도 울고. 아파서도 울고. 그러나 손수건은 즐거운 눈물보다는 슬픈 눈물에 사용되는 경우가 더 많습니다. 그렇게 눈물을 닦아주는 손수건은 그 순간의 위로이기도 하지만 다음날을 기약하는 약속이기도 합니다. 눈물의 흔적을 지우는 것은 그 순간에만 머물지 않겠다는 다짐이기도 하기 때문입니다.

누구나 가슴속에 흰 손수건 한 장 꼭꼭 간직하고 있을 겁니다. 가끔 꺼내어 그 언제인가의 이별의 순간이나, 흘린 눈물의 의미를 되새기며 또 눈물을 훔치겠지요.

세상 끝의 집

1.

며칠 전, 그분이 집을 떠나셨다. 세상 마칠 때까지 살아온 집에서 가족들과 함께 살 줄 알았는데 말이다. 뭔가 나쁜 낌새를 알아차렸는지 가지 않으려고 문 앞에서 버티는 분을 등 떠밀다시피 밖으로 모셔야 했다. 부인이 좋아지면 다시 돌아올 수 있다고 가까스로 달래서 보내놓고는 많이 울었다고 했다. 감당하기 어려워서 어쩔 수 없는 마지막 선택을 했지만, 듣는 우리도 마음이 아픈데 가족들이야 오죽했겠는가.

사실, 아무도 예측하지 못했다. 친지의 부군 되시는 그분은 몇 년 전까지 국가 기관에서 근무하다가 퇴임 후에 안정된 노후를 보내고 있었다. 아내와 아들딸이 있었으며, 연금으로 경제적으로도 부족함이 없었다. 그분은 가족들에게 폐를 끼치지 않겠노라며, 이른 아침 도서관으로 가서 종일 책을 보거나 신문을 읽으면서 보냈다. 결코, 집에서 삼시 세끼 찾아 먹는 삼식이가 되지 않겠노라고 다짐했든 싶다. 한가한 시간엔 등산이나 산책을 즐기며 자신을 깔끔하게 살필 줄 아는 멋진 노신사였다. 그러던 그분이 집을 떠나 그곳으로 들어가게 될 줄이야.

코로나가 시작되기 1년 전쯤에 그분은 척추질환으로 수술을 했다. 그러고는 외출을 하지 못한 채 몇 년을 집에서만 보내게 된 것이다. 처음에는 아주 조금씩 이상 행동을 하더니 날이 갈수록 심해졌다. 급기야는 밤새 잠을 안 자고 집안을 쑥대밭으로 만들어 놓기도 하고, 가족들에게 온갖 욕을 서슴지 않고 해대기 시작했다. 그뿐인가. 스스로 화장실 출입도 할 수 없을 만큼 악화되었다. 그래도 거기만은 보낼 수 없다고 버티던 가족들이 결국 최후의 결단을 내리게 된 것이다.

긴 병에 효자 없다는 말이 있다. 늙고 병든 부모님 모시기가 어디 쉽겠는가. 더구나 이전과 달리 모두 직장을 가지고 바쁘게 살아가니 더 하다. 그래서 요즘은 자식이 있든 없든 삶의 마지막을 보내야 할 곳이 세상 끝의 집, 요양원이라는 생각이 든다. 가족들이 시설 좋은 곳을 수소문했다지만, 그곳엔 오늘을 활기차게 보내는 기쁨도 내일을 기다리는 희망도 설렘도 없다. 모든 삶의 빛깔이 바래버린 듯한 노인들이 침대 하나를 자신이 차지할 수 있는 공간 전부라고 여기며 누웠다 앉았다, 동작을 반복하며 마지막 열차를 기다리는 곳이다.

요양원에서 보낸, 첫날밤, 그분은 밤새 집으로 가겠다고 고래고래 소리쳤다고 했다. 가족들에게 버려졌다는 배신감과 낯선 환경, 다 감당하기 어려우셨으리라. 담당자는 처음에 오면 그러는 분들이 많다고 차차 적응하실 거라고 했다. 적응이기보다 체념이라는 생각이 든다. 아이가 떼쓰다가 울다 지쳐서 포기해 버리듯이 그렇게 지쳐버리는 게 아닌가 싶다.

그 소식을 들은 가족들은 또 가슴이 찢어졌다고 했다. 그러나 이 기막힌 이별이 끝이 아니다. 기차표는 이미 예약되었다. 빠르든지 더디든지 열차는 어김없이 올 것이다. 이별 뒤에 또 한 번의 이별이 기다리고 있다. 그래서 더 마음이 아픈 것이다. 집에서 편히 모시고 있다가 보내드렸다면 얼마나 좋았을까, 하면서.

2.

요양원의 그리 넓지 않은 뜰에 만개했던 벚꽃이 바람에 휘날려 떨어지고 있다. 짧은 봄날이 간다. 다음 계절이 없는 곳에서 머무는 노인들이, 이별 뒤에 서서 떨어지는 꽃잎을 물끄러미 바라보고 있다.

그분이 집을 떠나 요양원에 입소한 지 한 달 만에 첫 번째 면회였다. 그도 코로나가 조금 잠잠해진 틈을 탄 운 좋은 기회였다. 그동안 요양원의 직원이 동영상으로 근황을 보내주었지만, 가족들은 반가움 반 걱정 반이었다고 했다. 얼마큼 잘 견디고 있을까? 가족들을 만나면 따라오겠다고 떼쓰지 않을까? 하는 염려다.

그러나 그분은 매우 수척해진 모습이었지만 의외로 담담해 보였다고 했다. 아들을 보고는 아는 척했지만, 부인을 보고는 못 본 척하더란다. 아마 많이 서운해서 그렇지 않았나 싶다. 가져간 음식도 잘 먹지 않았고 따라나서겠다고 하지도 않았다. 모든 걸 내려놓은 듯한 표정이, 오히려 섬뜩했다고 했다. 그리고 다음 날 그분의 부음(訃音)을 들었다. 기다리지 않아도, 오기로 한 마지막 열차가 어김없이 도착한 것이다.

열차는 떠났다. 가족들과 따뜻한 밥 한 끼 함께 하지 못했고, 갓 태어난 증손자를 무릎에 앉혀보지도 못했다. 잘 있으라고, 잘 간다고, 마지막으로 손도 흔들지 못했다. 치매로 정신을 잃어버림은 고통에서 벗어나는 유일한 방법인지도 모른다. 몸은 쇠하는데 정신이 맑으면 괴로움만 더 하지 않겠는가. 그분은 그리움도 추억도 모두 내려놓고 떠난 듯하다. 반쪽짜리 하얀 낮달 같은 발자국만 하늘 강을 휘청이며 건너가고 있으리라.

취한다는 건

몇 년 전이다. 친구들과 봄나들이 갔다. 화사한 봄꽃은 높은 산을 두르고 낮은 개울가에 발 담그고, 잘 담근 술처럼 맛이 들었다. 우리는 야외 식당의 꽃그늘에서 산나물 비빔밥으로 점심을 먹은 후 한 친구가 담갔다는 과일주를 마셨다. 과일주쯤이야, 난 겁도 없이 유리잔에 입술을 가볍게 대고 찔끔찔끔 마시기 시작했다. 알딸딸하면서 취기가 오른다. 아, 그래 이 맛이구나.

현실과 비현실 사이에서 오락가락하며 서서히 술에 취하는 기분을 맛보려는데 갑자기 맥이 빨리 뛰기 시작하면서 온몸에 피가 머리로 몰리는 것 같은 통증을 느꼈다. 그러다가 그만 앞이 희부연 안개에 잠겨있는 듯 몽롱하게 보이는 게 아닌가. 순간 겁이 덜컥 났다. 나, 어떻게 되는 거 아닌가? 주위를 둘러보자는 친구들에게 애써 아무렇지도 않은 척 그냥 잠시 앉아 있겠다고 했다. 그러고는 그 자리에서 두 눈을 감고 한참 있었다.

어리석게도 과일주를 과일 주스쯤으로 여기고 마셨으니 술에 약한 내가 감당을 못한 것이다. 대학 신입생 오리엔테이션에서 신입생들에게 무리하게 술을 권해서 죽었다는 기사도 생각났다. 나도 이러다가는 죽을 수도 있겠다는 무서운 생각이 들었다. 어차피 누구나 한 번은 이 세상 떠나는 것이니 아쉬울 건 없는데 하필이면 술을 먹고 죽었다는, 내 생에 불명예스러운 일로 남길 수는 없지 않은가. 그래서 정신을 차리려고 애썼다.

얼마큼 지나서인가. 서서히 가슴이 진정되면서 앞이 보이기 시작했다. 어둠의 터널 속에서 서서히 빠져나온 듯하다. 안도감에 숨을 크게 내쉬었다. 살았구나.

사람들은 왜 술을 마시는지 모르겠다. 맨정신으로 감당할 수 없는 현실을 술로 달래보려는 사람들도 있다. 벗들과 어울리는 맛? 현실에서 조금씩 비켜 가는 맛? 순간의 호기로 자신이 세상에서 가장 괜찮은 사람이고 대단한 능력의 소유자가 된 듯한 순간 말이다.

아버지는 생전에 술을 즐겨 드셨다. 한 잔으로 시작한 술이 두 잔 되고, 두 잔이 석 잔 되고 급기야는 인사불성으로 취해서 대문 밖에서부터 막내딸인 나를 소리 높여 부르셨다. 취기 오르면

말씀도 많아지시지만, 언제나 '엄니!'를 부르며 우셨다. 소년가장으로 어린 누이동생 셋을 보살펴야 했던 설움을 술에 타서 마신 듯하다. 돌아가시기 전에는 장성한 자식들 다 떠난 빈 둥지의 적적함과 무료함을 술로 달래시는 것 같았다.

외로움을 술로 달래면 다음 날 아침 괴로움이 찾아온다는 것을 알면서도 사람들은 술을 마신다. 외로움 견디는 것보다 괴로움 견디는 게 훨씬 수월하다는 것을 알기 때문일까. 외로움을 주고 괴로움을 받는 정직한 거래가 술이라고. 어떤 글에서 읽은 기억이 난다. 아버지도 혈압이 높으셔서 약주를 드시면 건강에 해를 끼친다는 걸 알면서도 술을 놓지 못하셨다.

술맛의 10%는 술을 빚은 사람이고 나머지 90%는 마주 앉은 사람이라는 말이 있다. 향기로운 매화주가 익으면 벗을 불러서 꽃그늘에서 흥에 취해 주거니 받거니, 시 한 수 읊으며 즐기는 풍경은 한 폭의 그림이 된다. 그러나 나는 벗들과 봄나들이 가서 마신 과일주에 취해 죽을 뻔한 사연을 가지고 있다.

그동안 무슨 맛을 위해서 술을 마셨는지 모르겠다. 그저 친구들과 분위기 따라 맥주나 포도주를 조금씩 마셔보고, 생선회를 먹으면서 소주 몇 잔 기울여 본 정도로 감히 술맛을 논할 수도 없으리라. 술맛을 아는 이들이라면 적당히 주고 적당히 받는 거래를 알겠지만, 나는 술과 거래에 익숙하지 못해서 내 몫의 슬픔도 외로움도 몽땅 건네지도 못하고, 죽을 만큼의 괴로움만 받은 것이다.

적절의 선을 지킨다면 한 잔 술에 취하는 맛, 또한 가볍지 않은 즐거움이 되리라. 그러나 그 선을 넘어 몸과 마음을 망가지게 하는 것보다, 감사와 긍정의 힘으로 현실을 다스리며 살아가는 것이 내게는 적합한 선택이라 여겨진다.

나는 울보였어요

나는 울보였어요. 엄마의 몸에서 분리되어 첫울음을 운 뒤로 시도 때도 없이 울음을 터트렸어요. 오빠 언니들 학교에 가고 난 후, 텅 빈 방에 혼자 누워서 집안일 하는 엄마를 불러대느라 꺽꺽 울었댔어요. 안아 달라고, 나만 봐 달라고 철 이른 외로움을 못 견디고 울었지요. 달려와 눈 마주치며 얼러주면 언제 그랬냐는 듯이 금세 울음을 뚝 그치는, 울음 끝이 긴 아이는 아니었다고 엄마는 두고두고 이야기했죠.

큰언니 결혼 후 새색시 적 설날입니다. 한복을 곱게 차려입고 시아주버님 댁으로 인사하러 가는데, 색동두루마기 입은 여섯 살쯤 된 내가 막무가내로 따라나섰습니다. 형부가 특별히 막내 처제를 예뻐하기는 했지만 이건 너무 한 거 아닌가요. 물론 눈물을 무기로 들이댔습니다. 시댁 분들이 저 아이는 왜 데리고 왔을까 했겠지만, 참 예쁘네요. 귀엽네요, 해주니까 또 의젓하게 말대꾸하고 있더랍니다. 오는 길에 그 당시 유명한 허바허바사진관에 가서 셋이서 '가족사진?'도 찍고 왔습니다.

그 후로도 큰언니 첫 조카 백일 사진에 아기를 안고 있는 언니와 형부 사이 또 내가 가운데 떡 끼어 앉았습니다. 누가 보면 아우 본 꼬마 누이 같은 얼굴을 하고서지요. 두 눈에 눈물도 마르지 않은 채로입니다. 기억은 희미하지만 분명 그때도 함께 사진을 찍겠다고 울며 떼를 썼을 겁니다.

1년에 한 뼘쯤 키가 크는 아이는 1년에 두 뼘쯤 약아져서 입고 싶은 새 옷이나 갖고 싶은 인형을 눈물로 얻어냈습니다. 초등학교 다닐 때 특활반에 바이올린 교실이 있었어요. 지도 선생님의 바이올린 연주하는 모습이 어찌나 멋져 보였든지, 음악적 소질은 전혀 없는 내기 바이올린을 사달라고 떼를 쓰며 울어댔어요. 아버진 그만 울보 딸이 애처로워 쩔쩔매실 때, 나는 돌아서 가짜 눈물을 닦으며 씩 웃었지요. 물론 큰오빠가 날 데리고 악기상에 가서 원하는 걸 사주고 난 뒤에 말입니다.

어느 날인가요. 갑자기 쓰러져 건강을 잃어버린 딸 대신 아버지가 안주도 없이 소주잔 연거푸 들이켜시며 꺽꺽 우시고, 그날부터 아버지는 나 대신 울보가 되었습니다. 울보 막내딸이 찾아 달라며 떼쓰던 건강했던 시간을 끝내 건네주지 못한 채 세상 떠나신 아버지의 낡은 유언처럼, 맑고 투명했던 창가에 빗줄기처럼 흐르던 내 유년의 눈물도 낡았습니다.

사람의 첫 번째 언어는 눈물입니다. 다음에 웃음을 배우고 언어를 배웁니다. 눈물은 생명이 태어날 때 함께 준 하나님의 선물이라고도 합니다. 난 울음을 그쳤습니다. 그동안 그 첫 번째 언어를 너무 남용했는지도 모릅니다. 또 세상에는 눈물로 얻을 수 없는 것들이 많다는 걸 헤아릴 만큼도 되었나 봅니다. 엄마의 말씀처럼 울음 끝이 긴 아이도 아니었으니까요. 눈물로 얻어내던 것들을 스스로 얻기 위해서 나를 다그쳤습니다. 약해지지 않으려고 더 강해지려고 눈물샘에 쇠 빗장 하나 채우고 힘든 시간을 달려왔습니다.

나이를 먹는다는 건, 나 아닌 타인을 바라볼 수 있을 만큼 눈매가 깊어지는 겁니다. 어제의 울보는 이제 다른 이들의 울음소리도 들을 수 있을 만큼 살아오지 않았나 싶습니다.

'내 눈물이 아닌 다른 눈물이 내게 와서 머물다 갈 때가 있어
내가 아닌 다른 사람이 내 안에 들어 울다 갈 때가 있어'

박성우 / '눈물' 전문

박성우 시인의 시처럼 나 아닌 다른 이들이 내 안에서 울다가는 날이 있습니다. 그들의 눈물을 닦아주기도 하고 때론 함께 울기도 합니다. 이 세상 모든 울보의 눈물이 강이 되어 흐르는 곳에 눈물 다음의 언어인 내 따스한 웃음을 슬며시 얹어도 봅니다.

선녀탕

금강산에서 마음씨 착한 노총각이 사냥꾼에게 쫓기는 노루를 구해준 덕분에 정보를 얻어 금강산 상팔담에 내려와 목욕하는 선녀들의 날개옷 중 하나를 슬쩍 감추어 둔다. 한 선녀가 날개옷이 없어서 하늘로 올라가지 못하고 나무꾼과 결혼하게 되는 '선녀와 나무꾼' 이야기는 아마도 모르는 사람이 없을 듯하다.

그 뒤 아이를 셋을 낳기 전에는 날개옷을 내주지 말라는 금기를 어긴 나무꾼 탓에 선녀는 아이 둘을 데리고 하늘로 올라갔다. 그런 사고가 일어난 후에 천상에서는 두레박을 내려서 물을 길어 올려 선녀들이 목욕했다고 한다. 그리고 그 두레박을 타고 나무꾼이 하늘로 올라가서 가족들과 재회했다는 이야기로 이어진다.

착하지만 어리석은 나무꾼이, 금기를 두 번이나 어긴 탓에 이승에서도 천상에서도 결코 행복할 수 없는 결말을 가진 이 이야기를 어려서 아주 재미있게 들었는데 궁금한 건 왜 천상에는 목욕탕이 없었을까? 왜 위험한 속세로 내려와야만 했을까? 하는 거다. 어쩌면 금강산 상팔담의 경치도 좋거니와 우거진 숲이 잠긴 물도 유난히 맑고 좋았으리라 여겨진다. 그래서 선녀들이 소풍 삼아 내려왔을지도 모르지 않나. 흰 새의 날개 같은 옷을 입고 훨훨 내려와 목욕하다니, 눈 앞에 펼쳐지는 풍광이 너무 신기하고 아름다워 그만 그 이야기에 푹 빠졌다.

천상에 아직 목욕탕이 없는 것처럼 나의 어린 시절에도 집마다 더운물을 데워 쓰기가 힘들었을 때니, 동네마다 대중목욕탕들이 있었다. 서대문 우리 집에서 영천 쪽으로 얼마큼 가다 보면 골목 끝에 선녀탕이라는 목욕탕이 있다. 큰언니를 따라 난생처음 그곳에 가보았다. 날개옷은 아니더라도 입고 간 옷을 벗어 옷장 속에 넣고 욕탕으로 들어섰다. 처음 가본 곳에 대한 호기심과 '선녀와 나무꾼' 이야기까지 곁들여 기대 반 호기심 반이었다.

선녀탕의 사방을 둘러보니 모두가 선녀로 보였다. 아니, 선녀였다. 뽀얀 김이 어려서 앞이 잘 안 보이는 탓도 있겠지만 날개옷도 세상의 옷도 다 벗어버린 맨몸이니 구별할 수가 없었기 때문이다. 천상의 선녀도 세상 속의 사람도 가난하거나 부자거나 옷을 걸쳐야만 가늠할 수 있지 않나. 그때 내 기억 속 선녀탕은 세상 사람 모두 선녀가 되는 곳이었다.

힘든 노동의 일과를 마친 남자들도 선녀탕으로 간다. 더운물 속에 몸을 담그고 땀에 배인 하루를 씻어낸다. 시장의 생선 장수 아줌마도 저녁이면 선녀탕으로 간다. 구석구석 배인 비린내도 씻어내고 하루를 풀어낸다. 명절 전이면 오랜만에 말끔히 씻고 고향에 내려가려는 사람들로 선녀탕이 가득 채워진다. 설 대목 경기를 누리는 것이다. 식을 올릴 신랑도 가고 신부도 간다. 어제의 때를 씻어내고 새로운 행복을 꿈꾸는 거다. 몸의 때를 닦아내면 마음도 한결 깨끗해지니 선녀탕이 선녀 노릇을 해주는 게 맞긴 맞는 듯싶다.

언제부터인가. 편리한 주거 형태인 아파트가 생겨나고 집에선 더운물이 콸콸 쏟아지는 세상에서 살게 되었다. 천상도 세월 탓에 변했는지 이제는 선녀들이 내려오지 않아도, 두레박질로 물을 길어 올리지 않아도 되는 듯하다. 그래서인가. 대중목욕탕들이 하나둘 사라졌다. 집에서도 얼마든지 목욕할 수도 있고, 찜질방이 유행하면서 시설 좋은 곳에 손님을 빼앗긴 것 같다. 더구나 코로나 사태로 '밀폐, 밀집, 밀접의 장소가 되어버렸으니 이제는 목욕탕을 찾는 사람도 없다. 그러니 선녀탕도 옛이야기가 되어버렸다.

서울 용산구 원효로에 오래된 대중목욕탕인 원삼탕이 있다. 그곳도 이제 문을 닫는단다. 찾는 사람도 줄고 전기료며 물가가 오르니 수지 타산이 맞지 않아 어쩔 수 없이 내린 결정이다. 주인은 마지막 물을 빼면서 그동안의 애환이 눈앞으로 스쳐 지나가 세신사(때를 밀어주는 사람)와 주저앉아 엉엉 울었다고 했다.

세월의 흔적이 고스란히 묻어나는 유행 지난 비닐장판이 깔려 있고, 여전히 퀴퀴한 담배 냄새가 밴 단골손님의 목욕용품이 담긴 낡은 목재 사물함이 있다. 아직도 쪽방촌 사람들이 허름한 차림으로 삐걱거리는 문을 밀고 들어설 것만 같다고 했다. 이제 그들은 차가운 날씨에 어디서 두레박을 내리고 물을 길어 올려 춥고 고단한 하루를 씻어낼 수 있단 말인가.

송홧가루 날릴 무렵

오월의 바람이 숲 사이를 한 바퀴 흔들고 지나가면 송홧가루가 눈보라 치듯 휘돌아 날립니다. 어린 시절 뒷산에 우뚝우뚝 솟는 소나무 새순이 성탄 나무 촛대 같다고 여겼던 적이 있습니다. 사실 잘 들여다보지 않으면 그 촛대 모양이 꽃인 줄 모릅니다. 노랗게 올라와 있는 것이 수꽃입니다. 송홧가루를 날려서 수정을 맺는 화분(花粉)이지요.

비 온 뒤엔 움푹 팬 땅바닥 고인 물에도 송홧가루가 떠 있었지요. 세워둔 차창에도 나무 잎새들 위에도 길가에도 노란 발자국들이 사뿐 내려앉습니다. 제 길을 다 걸어온 듯한 안도감으로 새로운 결실을 꿈꾸고 있는 듯도 했습니다. 나는 세상이 연푸름으로 열리는 그 무렵이 참 좋았습니다.

송화다식

여태껏 송화다식을 만들어 본 적은 없습니다. 늘 우리 집에 와서 일해 주시던 교회 할머니 한 분이 있었습니다. 그분은 송화 수꽃을 피우는 대로 따서 백지를 깔아놓고 말렸습니다. 종이봉투에 넣고 털어내 송홧가루를 모으는 겁니다. 가볍고 적은 양이니 먹을 만큼 모으기가 얼마나 어려웠을까요. 그 가루에 꿀을 섞어 반죽하여 다식판에 넣고 찍어냅니다. 그 맛은 향긋하고, 그다음은 잘 기억이 안 납니다. 귀하다기에 조금 맛보았을 뿐이니까요. 그분은 소싯적 시골에 살았기에 소나무 숲속을 헤치고 다니면서 송홧가루를 꽤 많이 모을 수 있었다고, 아득한 눈빛으로 그 시절을 그리워했습니다.

송홧가루 소금

물체가 저항보다 가벼워지면 더 먼 거리까지 날아갈 수 있습니다. 송홧가루는 바람보다 더 가벼워져 소금 염전으로도 날아갑니다. 갈 곳을 찾은 겁니다. 염판을 노랗게 물들이지요. 충남 태안 지역 염전에서는 소나무 숲이 둘러싸여 있어서 송화 소금을 만들어 냅니다. 물론 5월 10일경쯤, 짧은 한 철만 만들 수 있으니, 일반 소금보다 가격도 비싸고 맛과 영양도 높다고 합니다. 어떤 이들은 그 소금을 사려고 시기를 맞추어 염전에 갔습니다.

어머니의 해소 기침

송홧가루 날리는 즈음이면 천식으로 고생하시던 어머니의 잦은 기침 소리가 들립니다. 젊은 시절부터 기관지가 약했지만, 연세 드시면서부터는 그 증상이 더 심해졌습니다. 기침으로 꼬박 밤을 새웠지요. 호흡 곤란이 오면 구급차를 불러야 할 만큼 위급한 상황이 옵니다. 그래서 그 무렵이 다가오면 어머니도 나도 걱정이 앞섰습니다. 창을 닫아도 어느 틈으로 날아들어 문지방까지 들어섭니다. 숨길 따라 기관지까지 들어서는 겁니다.

송화다식을 만들어 주던 교회 할머니도 세상을 떠났습니다. 송홧가루 날리면 해소 기침 심하던 어머니도 꽃가루처럼 가벼워져 훨훨 하늘로 날아간 지 오래되었습니다. 오늘은 혼자서 창밖을 바라다보면 '윤사월'이란 박목월 시인의 시를 읽어봅니다. 꾀꼬리 소리는 들리지 않는데, 송홧가루는 빈 뜰에 내려앉습니다.

송홧(松花)가루 날리는

외딴 봉우리

윤사월 해 길다

꾀꼬리 울면

산지기 외딴집

눈먼 처녀사

문설주에 귀 대이고

엿듣고 있다.

박목월 / 시 '윤사월' 전문

야채 대통령

매주 토요일이며 그분이 온다. 아파트 입구에서부터 기다리는 사람들이 줄을 섰다. 차가 도착하고 문이 열리고 드디어 모습이 나타나면 우~하고 그의 곁으로 몰려드는 인파로 인해 잘못하면 발이 밟힐 수도 있다. 좀 더 곁으로 가까이 가려고 상대편을 밀쳐내기도 한다. 심하면 낯빛이 험해지기도 한다. 그는 익숙한 환영 인파에 한 손을 흔들면서 환한 웃음으로 답례를 한다.

인기 연예인인가? 아니면 높은 정치인? 허름한 옷차림에 챙이 긴 모자를 눌러쓴 모양새로 보아 그렇지는 않은 것 같은데. 하긴 비범(非凡) 속에 평범을 연출하고 있는지도 모르겠다. 그럼 그분은 무엇 하는 사람이지?

그는 차에서 무언가를 꺼내 주섬주섬 사람들 앞에 늘어놓는다. 밭에서 금세 따온 싱싱한 상추, 풋고추, 배추, 파프리카, 부추 등등이다. 나도 기다리는 무리 틈에 있다가 되도록 빨리 그에게 다가선다. 아니 채소 한 묶음이라도 더 차지하려고 옆에 사람들을 밀치기도 한다. 오늘은 운이 좋아서 애호박과 호박잎 그리고 어린 오이가 내 차지가 되었다. 계산하는 도중 내가 찜한 채소를 건드리려고 하는 사람이 있어서 눈을 흘기며 내가 산 것이라고 소리쳤다. 그는 채소를 텃밭에 심어서 주말이면 아파트로 팔러 오는 평범한 아저씨다. 그런 그가 어떻게 인기 절정에 오르게 되었는지 모르겠다.

가끔 신문에 대통령들을 비롯한 정치인들의 지지도 조사가 발표된다. 물론 조사 방법에 문제가 있을 수도 있겠지만, 그 결과에 따라서 그들의 기분이 달라지기도 하리라. 우리가 간절히 기다리는 그는, 자연 그대로의 먹을거리를 선호하는 대중들의 뜨거운 바람(希望)으로 존재가치가 치솟고 있다.

그는 뜨거운 뙤약볕에 땀을 흘리며 채소를 가꾼다. 농약을 안 뿌리느라 벌레를 잡아주기도 하고 화학비료 대신 퇴비나 유기농 비료를 만들어 가면서 정성을 들였을 것이다. 그의 채소를 사서 먹어본 사람들은 그 순수와 정성의 맛을 알기에 주말이면, 올 시간쯤에 저렇게 줄을 서서 기다리고 있다. 아마도 여론조사 따위 신경 쓰지 않아도 그 인기가 웬만한 정치인 부럽지 않을 것 같다. 그렇다고 인기에 힘입어 어깨를 으쓱이면서 뻐기는 법을 본 적도 없다.

어떤 할머니는 더울 거라며 그에게 시원한 물을 가져다주었다. 507호 아줌마는 금방 부쳤다면 먹어보라고 부추 전을 가져다주었다. 그는 얼굴 가득 웃음 지으며 연신 고맙다고 허리를 굽히니, 겸손하기까지 하지 않은가. 팔고 남은 채소는 곁에 있는 이들의 장바구니에 쓱 넣어주고 돌아서니, 마음가짐이 넉넉하기도 하다. 뿐인가, 기다리는 이들을 위하여 못 오는 날이나 늦을 때는 문자까지 보내주니 자상하고 친절하기까지도 하다. 사람들은 주말이면 창 너머로 내다보며 오기를 간절히 기다리고, 오면 반가워서 한달음에 뛰어나간다. 비가 오기라도 해서 못 오는 날이면 섭섭해 어쩔 줄 몰라 한다.

인기란 무엇일까? 요약하면 어떤 대상에 쏠리는 많은 사람의 관심이나 호감이다. 그러나 대상을 감정적으로나 다른 여러 가지 여건으로 충족시켜 주어야 하니, 인기라는 것이 거저 얻어지는 게 아닐 것이다. 그것을 얻기 위해서 그리고 지키기 위해서 얼마나 큰 노력을 기울여야 하는지 모른다. 그리고 인기란 뜬구름 같은 거라 그리 길게 가지도 못하고 금세 잊히기도 한다. 그래도 그는 아직은 우리 아파트 주민들의 인기 순위 1위를 꾸준히 지키고 있다.

그는 권력의 힘으로 무장하지 않았고 입에 바른 약속도 하지 않았다. 그리고 눈에 띄게 잘 생겼거나 멋스럽게 치장하지도 않았다. 그러나 진실의 맛 하나로 사람들의 마음을 사로잡았다. 누군가에게 쉽게 마음을 열지 않는 나도 그를 좋아하고 기다리는 사람 중 하나다. 지난주에 산 토마토도 대파도 떨어졌는데 이번 주는 가져왔으면 좋겠다고 바라면서.

공짜가 좋아

복지관 수업을 끝내고 구내식당을 찾았다. 평소에 복지관 식당을 잘 이용하는 편은 아니다. 그러나 오늘은 집에 들르지 못하고 다른 곳으로 가야 하므로 식사를 하고 가야겠다고 생각했다.

2,500원짜리 식권을 사기 위해 접수대에 갔을 때 '오늘 점심 무료'라는 표지판에 그만 눈이 크게 떠졌다. 나는 이내 식당으로 달려갔다. 미역국에 잡채, 닭갈비에 숙주나물, 전煎 수박까지, 이건 잔치 수준이 아닌가. 실제로 팔순이 되신 분이 생일을 기념하기 위해서 후원금을 내신 거라고 했다. 그분은 뜻깊은 생일을 보내셨고 나를 비롯한 많은 사람이 흡족한 점심을 먹은 거였다. 기분이 좋다. 음식이 맛깔스러워서인가? 공짜라서 인가? 아무래도 '공짜'가 주는 만족감이 더 큰 거 같다.

백화점이나 마트에서 얼마큼 사면 덤을 준다던가. 선착순으로 사은품을 준다든가, 하는 행사가 있을 때면 앞장서서 달려가곤 했다. 긴 줄을 서서 기다렸다가 사은품을 받아 올 때면 괜히 웃음이 나곤 했다. 그 물건이 꼭 필요하기보다 그냥 공짜가 좋았을 뿐이다. 공짜를 좋아하면 대머리가 된다는 옛말이 있어서인가, 내 이마가 좀 벗어진 편이기는 하다.

대부분의 사람도 나처럼 무턱대고 공짜라는 말에 현혹된다. 당장 대가 없이 얻어지는 수확에 기분이 좋은 거다. 오죽하면 공짜라면 양잿물도 먹는다는 말도 있지 않나. 그러나 공짜는 중독성도 있다. 공짜의 유혹에 빠져서 길들면 계속 바라는 염치없는 인간이 될 수도 있지 않겠는가.

현인들이 세상에 지혜를 모아서 줄이고 줄였더니 '세상에 공짜는 없다'라는 말이 되었다는 이야기를 들은 기억도 난다. 공짜는 어떻게든지 이리저리 연결되어 다시 주고받게 된다는 이야기다. 악을 행하였으면 악으로 되돌려 받고 선을 행하였으면 선으로 받는다는 거다. 사자성어 '음마투전(飮馬投錢)'이라는 말이 있다. 말에게 물을 마시게 할 때 먼저 동전 한 닢을 물속에 던져 물값을 내야 한다는 뜻이다. 거저 마시는 물이라도 그 값을 치러야 한다는 것은 또 다른 의미의 교훈이다.

어머니가 생전에 매해 김장을 수백 포기씩 담그셨다. 주위에 어려운 이들에게 나눠주기 위해서다. 그렇다고 값싼 재료로 허술하게 담그는 것도 아니었다. 좋은 재료와 양념을 골라 우리가 먹는 것과 똑같이 해야 한다고 하셨다. 그뿐인가. 끼니를 못 때우고 찾아오는 이들에게 기꺼이 따끈한 밥상을 차려 냈다. 어린 우리 형제들은 그런 어머니를 이해하지 못해서 불평도 했다. 아침부터 밥을 먹으러 오는 교회 사람들에게 곱지 않은 눈길도 보냈다.

하지만 세월이 흘러 언제부터인가 나는 문득 어머니가 베푼 것들을 내가 되돌려 받고 있지 않나 하는 생각이 든다. 주위 사람들에게 많은 도움을 받고 있기 때문이다. 김장철이면 맛있다고, 특별하다고 여러분들이 김치를 보내준다. 외국에 있는 친구들이 영양제며 옷을 보내주기도 하고, 가까운데 사는 친구들은 별미라고 반찬을 보내주기도 한다. 팔목 수술 후 빨리 몸 회복하라고 뼈 건강에 좋다는 도가니탕이나 건강식품들을 보내준 이들도 있다.

그러나 노력 없이 공짜를 좋아하게 되면 받는 것에 습관이 되게 마련이다. 나 역시 받기만 하는 사람이 되기보다는 누군가에게 나눠줄 수 있어야 하지 않을까. 세상 밭에 사랑의 씨앗을 심어야 공짜라는 열매를 내가, 그리고 내 주변 사람들이 거둘 수 있는 거라고.

3부 _ 봄날 피고 진 꽃에 대한

언니도 조카도 친구도 다시 먼 곳으로 떠나갔다는 현실이 싸늘하게 다가왔다. 꽃샘추위라고 꽃이 피기 전 꽃을 시샘하는 추위가 있다지만, 오늘은 꽃이 진 뒤인데도 춥다. 봄이 뒷걸음친 듯이 바람이 차다. 꽃 진 추위인가.

조개젓과 아버지

햇볕 좋은 날
큰언니가 친구들과 소래포구에 가서
조개젓을 사 왔다
아버지가 좋아하시던 거잖아
청양고추 파 마늘 썰어 넣고 고춧가루 깨소금 식초
솔솔 뿌려 조물조물 무쳐 밥상에 올려놓는다
더위에 잃은 입맛 탓인가
젓가락 서둘러 움직여 보는데
맞은편 자리에 머리 하얀 아버지가 수저 들고
먼저 와 앉는다
세월의 강을 건너온 옷깃에 물기를 털며
고봉(高捧)의 하얀 쌀밥 위에 비릿하고 짭조름한

조개 네댓 마리 얹어놓고

흐릿한 기억으로 바다를 비빈다.

(졸시)

언니는 종종 친구들과 나들이 삼아 소래포구를 간다. 우리 집에서 전철을 타고 40분쯤 가면 소래포구다. 점심으로 바지락칼국수나 생선구이를 사드신다고 했다. 그러고는 단골 가게에서 새우젓도 사고 조개젓도 낙지젓도 사 온다. 짭조름한 조개젓은 돌아가신 아버지가 유난히 좋아하시던 거다. 양념해서 따끈한 밥에 올려놓으면 더위에 집 나갔던 입맛이 다시 돌아온다고 했다. 우리는 그때마다 매번 아버지를 떠올리며 이야기했다.

"아버지가 조개젓 좋아하셨잖아."

"그래, 그랬지"

아버지는 곁에 안 계시는데 조개젓 무침을 먹으면서 아버지를 이야기하는 자매는 눈물을 글썽인다. 연한 상춧잎을 몇 겹으로 포개 새우젓 놓아 쌈 싸 먹으면서도 오징어젓이나 낙지젓에 밥 비벼 먹으면서도 우린 아버지를 떠올렸다. "아버지는 젓갈을 다 좋아하셨어." 물론 그중에도 조개젓을 젤 좋아하셨다고 고개를 끄덕였다.

맛은 기억을 불러온다. 기억 속에 잊지 못할 맛이 배어있다.

어떨 때는 그 맛이 한없이 그립기도 하다. 어떨 때는 그 맛이 짠하게 슬프기도 하다. 슬퍼서 그리운 것인지 그리워서 슬픈 것인지, 오늘도 조개젓을 먹으면서 또 아버지 이야기를 했다.

봄날의 밥상

햇살이 조물조물 캐내는
양지 녘 쑥이며 달래, 냉이, 취
바람 어깨 들썩인다
몇 겹의 겨울 하나씩 벗어내듯
시든 잎 뜯어내고
흙 툭툭 털어 맑은 물에 헹구어내니
싸하게 다가오는 푸릇한 봄 내음 가슴 시리다

된장 풀어 냉이 조갯국 바글바글 끓이고
나물 캐는 옆집 순이 닮아 조그마한 게 톡 쏘는 매운 달래
양념간장에 무치고
바싹하게 구운 파래김 한 장

더운 김 폴폴 나는

고봉(高峰) 쌀밥에 얹어 한 입 뜨니

아, 밥상 위에 봄이 피었네.

(졸시)

입맛이 없다. 나른하다. 잠을 자도 계속 졸려서, 양지 녘에 앉아 해바라기하면서 조는 노인네처럼 꾸벅거리고 있다. 봄이라 그런가? 광에 묻어놓은 김칫독에 푹 익은 김치가 싫증 날 무렵엔, 어머니는 김장철에 젓갈을 넣지 않고 소금으로만 간을 했던 소금 김치를 꺼내 놓았다. 싱싱한 푸른 배춧잎이 금세 밭에서 캐온 듯하다. 시퍼런 잎 쭉쭉 찢어 밥에 서리서리 얹어 먹으면 밥 한 그릇이 뚝딱이었다.

소금 김치 타령을 하니, 언니가 요즘이야 계절에 상관없이 무며 배추 등 싱싱한 산나물들이 쏟아져 나오는데 무슨 상관이냐고 했다. 그래도 어디 그런가. 맛에 대한 그리움은 나이를 먹을수록 더 진해지는 것 같다.

어디 봄 처녀처럼 바구니 들고 들판으로 나갈 수는 없을 터이니, 동네 시장이나 한 바퀴 돌아볼까 하고 나섰다. 햇볕 좋은 밭 가장자리에 캐낸 쑥이며 냉이, 달래, 두릅, 취…. 등 나물들이 지

천이다. 할머니 한 분이 좌판에 펼쳐 놓은 냉이를 샀다. 덤으로 한 움큼 더 얹어준다. 달래도 사고 쑥도 샀다. 매운 추위를 견딘 나물들에는 좋은 영양소도 많다니 보약이 따로 없다고 한다. 오는 길에 바지락도 샀다.

냉이를 다듬었다. 별명이 백세갱(百歲羹)이라고 하니, 100세까지 장수하게 하는 나물이라는 뜻이란다. 얼마나 좋은 성분이 많으면 그렇게 불렀겠는가. 뿌리에 묻은 흙을 털고 줄기와 잎을 다듬으면서 그 혹독했던 추위의 긴 겨울을 어찌 지냈느냐고 물었다. 냉이는 봄을 기다리는 차갑고 지루한 시간 속에 향기를 키웠다고 했다. 그 대답에 고개를 끄덕여 주며 된장 풀어 바글바글 바지락 냉잇국을 끓였다. 비릿한 바다 향기와 어우러진 봄의 향기가 허기진 내 안으로 성큼 들어선다

달래는 영하 20도에서도 견딜 만큼 추위에 강하다고 한다. 맵고 톡 쏘는 맛으로 면역력도 높고 노화도 막아준다고 하니 작지만, 그 효능이 만만치 않은 듯하다. 파, 마늘 송송 썰어 넣고 마늘에 참기름 고춧가루 넣고 양념간장을 만들었다. 따끈한 밥 한술 올리고 파래김 달래 간장 찍어 얹으니 수저 위에 봄이 슬며시 피어난다.

내 안으로 봄을 불러들였다. 생기가 난다. 팔다리며 가슴께로 푸른 잎들이 돋아날 듯하다. 밥상 위에 봄이 피었다.

봄날 피고 지는 꽃에 대한

긴 겨울의 끝, 어느 날 화들짝 피어난 봄꽃은 피어서 반가웠다. 기다림이 길어서인가, 더욱 눈이 부셨다. 보고 싶은 이들과 만남도 그러하지 않을까. 마침내 코로나의 끝자락에서 정겨운 이들이 온다고 한다. 더딘 걸음으로 오는 봄을 기다리듯이 달력의 날짜를 짚어가면서 기다렸다. 설렜다.

큰언니네 막내 조카가 사업차 미얀마에서 거주하다가 귀국했다. 작은언니도 미국에서 왔다. 친구도 왔다. 봄꽃처럼 한꺼번에 몰려서 왔다. 모두 4년 만이다. 만남만으로도 활짝 핀 꽃을 본 듯이 행복했다. 조카는 몰라보게 수척해진 엄마를 보고 아무 말도 못 했다. 위급상황에 응급실까지 갈 정도로 중태에 빠졌던 엄마를 보러 오지 못했으니, 겨울이 없는 곳에서 살면서도 마음은 무척 추웠으리라. 오랜만에 왔으니 만날 사람들도 많고 해야 할 일도 많은지라 자주 보지는 못했지만, 가까운 곳에 와 있다는 것만으로도 큰언니는 많이 좋아했다.

작은언니는 4년 전 왔다 가면서는 너는 늙지 말라고 했다. 그런 데 이번에는, 얼마나 늙었나 보자 했다. 언니들은 막냇동생인 내가 빨리 늙지 말고 그냥 어린 동생으로 남아있기를 바랐는지도 모른다. 그러나 그런 바람을 가지기에는 그 세월이 결코 짧지 않았던 거다. 보통 형제와 동창들을 만나러 2년에 한 번씩은 다니러 왔는데, 한 주기를 건너뛴 것이다. 겨울이 길수록 봄을 더 기다리듯이 간격이 길었던 만큼 반가움은 더 컸다. 올 때마다 작은언니를 도와주고 함께 다니던 큰언니가 너무 약해져서 이번에는 그럴 수 없는 게 안타까웠지만, 살아서 만날 수 있는 것만으로도 너무 감사하다고 했다.

어느 시인이 말했다. 눈에 보이는 것들은 다 사라져도 옛날은 사라지는 것이 아니라 스며드는 것이라고. 우린 가슴 깊숙이 스며든 어제를 그리워하며 태어나고 자란 서대문 집의 골목길이며 봄날 은행나무에서 돋아나던 연한 새싹이 참 싱그럽고 예뻤다고도 이야기했다. 엄마가 해주던 오이지며 김치 맛이 그립다고도 했다. 그리고 오늘이라는 테두리 속에서 함께할 수 있음을 행복해했다. 그때, 언니가 묵고 있는 호텔 창 너머 덕수궁엔 봄꽃들이 만개해 있었다.

미국에서 친구도 왔다. 바쁜 탓에 스쳐 가는 봄바람을 한 손으로 잡아채듯 짧은 만남을 가졌다. 세월이 흘렀으니 당연히 조금씩 빛바래고 낡았겠지만, 서로 그대로라고 하면서, 그 뻔한 거짓말에 흐뭇해하며 웃었다.

작은언니는 떠나면서 2년 후에 오겠다고 했다. 조카도 좀 더 자주 오도록 노력하겠다고 했다. 친구는 날짜를 기약할 수는 없지만, 다시 만날 수 있기를 바라자고 했다. 헤어질 때 다시 만날 것을 믿는 것처럼, 봄꽃들이 다음 해를 기약하면서 낙화의 아쉬움을 달래는 것처럼, 우리는 그 약속을 믿으면서 손을 흔들었다.

길을 걷는다. 개나리 노랗게 피어 봄의 시작을 알리더니, 꽃비 내린 뒤에 어느새 푸른 잎 돋아나고 진달래도 철쭉도 화사했던 아름다움이 꿈속에서 스쳐 지나간 듯 흔적도 없다. 언니도 조카도 친구도 다시 먼 곳으로 떠나갔다는 현실이 싸늘하게 다가왔다. 꽃샘추위라고 꽃이 피기 전 꽃을 시샘하는 추위가 있다지만, 오늘은 꽃이 진 뒤인데도 춥다. 봄이 뒷걸음친 듯이 바람이 차다. 꽃 진 추위인가.

분홍빛 스웨터

매해 봄이면 그를 만납니다. 내게로 와서 20년이나 함께 봄을 맞이했습니다. 민소매 셔츠와 카디건으로 구성된 분홍빛 스웨터입니다.

백화점 진열대에 걸린 꽃분홍 색깔에 첫눈에 반했지만 만만치 않은 가격에 몇 번을 망설이고 뒤돌아서려다가 결국은 손을 내밀었습니다. 어찌 보면 그는 바다를 건너 멀고도 낯선 땅을 찾아와 나를 만났습니다. 그렇게 그와 나의 만남은 피할 수 없는 운명인지도 모르겠습니다. 그 운명에 기대어 변함없는 사랑으로 함께한 세월이 만만치 않습니다.

진달래 필 무렵이면 꽃 빛깔에 뒤질세라 떨쳐입고 봄을 걸어 다녔는데, 주위 분들은 꽃이 피어서 봄인지 내가 봄을 걸쳐서 봄이 왔는지 잘 모르겠다고 했습니다. 햇살이 쫙 내리는 거리에서 나는 그 분홍빛 스웨터로 인해 눈부셨습니다. 가을에도 입지 않은 건 아니지만 이상하리만치 가을보다는 봄에 어울리는 옷이었든 싶습니다.

그는 겨울을 보내고 나면 기다렸다는 듯이 등장해서 꽃 빛 자태로 나와 함께 봄을 마중했고 또 배웅하면서 청춘을 보냈습니다. 친구들과 미국 여행을 갔을 때도 동행했습니다. 서부 은광촌에도, 라스베이거스 페네티안 호텔의 가짜 하늘 아래서도 화려한 빛깔을 은근히 뽐내주었습니다. 여행의 피로로 생기 없는 얼굴에 연지 빛 혈색을 선물해 주기도 했지요. 제주도 여행 중 노란 유채꽃 더미를 배경으로 찍은 사진 속에서도 환상적인 빛깔의 조화를 들어내 주기도 했습니다. 여러 번의 거제도 여행에서는 홍가시나무 나란히 핀 길가에 나도 꽃으로 서 있었습니다. 그의 빛은 스스로 존재하려 하기보다 주위까지 품어 조화롭게 하는, 어떤 색과도 잘 어울리는 친화력이 있습니다.

열흘 붉은 꽃이 없다고들 합니다. 피면 지게 마련이지요. 사랑 또한 그렇다 합니다. 뜨겁게 사랑한다 해도 세월이 가면 식을 수 있기 때문이지요. 아무리 좋은 음식도 매일 먹으면 싫증이 난다고 합니다. 옷도 그러할 것 같습니다. 아무리 좋은 옷도 오래 입다 보면 싫어지기도 하겠지요. 그러나 분홍빛 스웨터, 그 품에는 가고 싶은 곳을 자유롭게 다닐 수 있었던 20년 전쯤의 건강했던 내가 숨 쉬고 있습니다. 또 많이 힘들지만, 감사의 마음으로 견디며 살아가는 오늘의 내가 있습니다. 그 모든 날이 모여 이룰 내일도 있을 겁니다.

이제 그는 싱그러운 계절을 잃어가는 주인을 닮아 많이 쇠약해졌습니다. 그러나 젊은 시절의 빛나는 윤기와 탄력은 전만 못하지만, 열정의 빛은 바래지 않고 여전히 봄꽃을 피웁니다.

매해 봄이 오면 변함없이 화사하게 웃을 줄 아는 끈기. 한 번 맺은 인연 져버리지 않고 내 곁을 지키는 의리. 내가 여전히 그를 사랑하는 까닭입니다. 앞으로도 오래오래 함께하기를 바라면서 연민의 눈빛 가득 보내봅니다.

아버지의 그림

영화 '내 사랑'은 캐나다 출신 천재 화가 모드 루이스의 실제 삶을 바탕으로 예술과 사랑을 이야기해 준다. 모디라는 애칭으로도 불렸던 그녀는 정식 화가가 아닌 라이브 화가다. 배워서 그리는 것이 아니라 눈에 보이는 것을 마음에 담아 마음으로 그린다. 건강도 경제적으로도 어려운 여건 속에서 자신을 위로하기 위해서 그린 그림이었지만 보는 이들의 마음까지도 따뜻하게 해준다. 그녀의 그림 색채는 선명하고 단순하다. 기교를 부리지도 않고 천진스럽다. 보는 내내 동화 속에 머무는 듯 행복해진다.

문득 오래전 아버지가 그린 그림이 생각난다. 내가 어린 조카의 그림일기 숙제를 해주는 곁에서 기웃거리던 아버지가 수줍은 듯이 나도 그려보면 어떻겠냐고 물으셨다. 우리 모두 의외라는 표정이었지만 아버지께 도화지와 크레파스를 드렸다.

아버지는 배경이 동물원인지? 풀밭인지? 알 수는 없지만, 말을 그려놓았다. 그런데 그 말이 실제하고 매우 달랐다. 다리는 가느다랗고 길었다. 갈기가 사슴뿔처럼 하늘로 솟아 있었고 색깔도 두 가지를 섞어놓아서 아버지가 말이라고 하기 전에는, 한눈에 말이라고 분간하기가 힘들었다. 조카는 마음에 안 들었는지 "할아버지 그림 그리지 마, 이모가 다시 그려줘!" 하며 툴툴거렸다. 그때 아버지의 표정이 어땠는지 기억이 잘 안 난다. 그러나 그 뒤로 아버지가 그림 그리는 걸 다시 본 적이 없다.

아버지는 조실부모하고 어린 누이 셋을 거느린 소년가장이었다. 성실함과 부지런함으로 자수성가해서 누이들 시집보내고 오 남매 낳아 키워 일가(一家)를 이루었다. 그런 아버지 덕분에 어려운 시절에도 우리는 풍족하게 학교에 다니고 남부럽지 않게 하고 싶은 것들을 할 수 있었다.

아버지가 돌아가신 지도 아득한데, 가끔 생각한다. 아버지의 꿈은 무엇이었을까? 어떤 일을 하고 싶으셨을까? 보살펴야 할 식솔들과 가정 때문에 늘 무거웠을 어깨는 세월과 함께 굽어서, 노년에 자신을 위해 할 수 있는 일은 약주를 마시며 무료를 달래는 것뿐이었다.

어머니는 교회 성가대도 하실 만큼 노래를 무척 잘하셨다. 부모님의 뒷받침이 있었다면 유명한 성악가가 되었을 것 같다. 그런데 오빠 언니들과 달리 나는 어머니의 음악적 소양을 닮지 못했다. 그렇다면 그림 그리기나 만들기, 글쓰기를 좋아하는 건 누굴 닮아서일까? 다시 아버지의 그림을 떠올려 본다. 손자의 핀잔에 다시 그림을 그리지 않으셨지만 이제 와 생각하니 모디의 그림처럼 단순하고 동화적인 그림이었다는 생각이 든다.

아버지는 분명 그림을 그리고 싶으셨으리라. 본인의 꿈은 생각하지도 못하고 눈코 뜰 새 없이 바쁘게 보낸 삶이었지만, 어깨 너머 그림 속으로 들어서고 싶었던 거다. 상상 속의 말은 생존을 위해 쉬지 않고 달려야 할, 아버지의 모습이었다. 사슴뿔처럼 곧게 세운 갈기는 꼿꼿하게 지켜야 할 가장 家長이라는 이름이었다. 운명을 거스를 수는 없었지만 더러는 이러고도 싶고 더러는 저러고도 싶은 속마음이 색색의 모습으로 표현되었으리라.

아무래도 내가 아버지를 닮은 것 같다. 큰 눈도 이목구비도 그렇고 소심한 성격도 그렇다. 또 그림 그리기를 좋아하니 말이다. 그러나 다른 건 내겐 서툰 그림을 그려도 잘했다고 칭찬해 주는 아버지가 계셨다.

아버지도 이해하고 칭찬해 드렸다면 그림을 계속 그렸을지도 모른다. 자신만의 빛깔과 형태로 자신의 내면을 드러냈을 것이다. 모디가 무색할 만큼 멋지고 개성적인 그림으로 세상을 놀라게 했을지도 모르지 않나.

내 기억 속 아버지는 여전히 그림을 그리신다. 잘 그리셨다는 눈빛을 보내드리니 그만 환하게 웃으시며 멋쩍어하신다.

시절 인연(時節因緣)

동양화를 배울 때 많이 좋아했던 선생님이 계셨습니다. 野松 이원좌 선생님이십니다. 지독하게 가난한 삶 속에서 오직 그림 하나에 목숨을 걸다시피 한 삶에 감동하였습니다. 꾸미지 않은 야인(野人)의 모습도 좋았습니다. 그리고 작은 체구로 산과 강을 화선지에 그대로 옮겨 오다시피한 대작(大作)을, 스스로의 표현으로 '독하게' 그리는 그 열정에도 박수를 보내곤 했습니다. 그 시절 나는 그분에게서 산수화를 배우고 삶의 열정을 배웠습니다.

어느 날 그분은 강의를 접고 고향 청송으로 내려가고 나는 학업을 계속하기 위해서 그림을 그리지 못하게 되면서 자연히 멀어졌습니다. 처음에는 그 멀어짐이 아주 섭섭했습니다. 늘 선생님 화실을 찾아가던 매주 목요일은 뭔가 허전해서 다른 일이 손에 잡히지 않았습니다. 그러나 그 후 공부를 하고 글을 쓰기 시작하면서 새로운 환경을 만났고 새로운 사람들을 만났습니다. 그러고 많은 시간이 흘렀습니다,

지난해 여름입니다. 인사동 전시장에서 함께 그림을 그렸던 분을 만났습니다. 군립청송 야송미술관에 관장으로 잘 계시리라는 선생님이, 지난봄에 돌아가셨다는 슬픈 소식을 들었습니다. 소식도 전하지 못하고 한 번 뵙지도 못하고 그렇게 돌아가셨다니…….

그 시절에 나는 인연이 닿아 그분을 만났고 그림을 만났습니다. 오랜 병상에서 일어나 처음으로 사회로 나가서 만난 선생님이셨습니다. 그 만남이 소중했고, 보람되었습니다. 그래서 함께 했던 시간에 열중했습니다. 선생님께 칭찬받고 싶어서 더 열심히 그렸습니다. 그러나 영원할 것 같은 만남은 시간이 흐르면서 각자의 길로 나뉘었습니다. 사람은 현실에 한 번, 기억에 한 번, 두 번 산다고 합니다. 이제 선생님은 내 기억 속에서 두 번째 삶을 살고 있습니다.

'시절 인연' 모든 사물의 현상이 시기가 되어야 일어난다는 말을 가리키는 불교 용어입니다. '업' 설과 '인과응보'설에 의한 것으로 사물은 인과의 법칙에 따라 특정한 시간과 공간의 환경이

조성되어야 일어난다는 뜻이랍니다. 중국 명말 『선관책진(禪關策進)』에, "시절 인연이 도래(到來)하면 자연히 부딪혀 깨쳐서 소리가 나듯 척척 들어맞으며 곧장 깨어나 나가게 된다."라는 구절에 연유합니다.

모든 만남이 그 시절에 이루어져야 할 현상이며, 그 만남으로 인해 내 삶에 기쁨이나 보람됨을 더하기도 하고 더러는 슬픔을 나눠 가질 수도 있습니다. 헤어져야 할 시절이 오면 또한 어쩔 수 없이 헤어질 수밖에 없는 겁니다.

한 척의 작은 배를 띄우고 시절 강물을 흘러가는 것이 우리네 삶의 모습이 아닐까, 하는 생각을 해 봅니다. 자연의 순환처럼 흐르는 물길에서 봄을 만나고 여름을 만나고 다음 계절을 향해 흐릅니다. 아름다운 강변 풍경에 더 머물고 싶어 지체하려 하나 세월 바람이 떠미니 기억만 싣고 떠나기도 했습니다. 지나쳐 온 뱃길이 너무 아쉬워 돌이키려 하나 거슬러 오를 수 없는 것이 인생길이라 하여 젖은 눈길만 보내고 돌아섰습니다.

더러는 벗을 태우기도 했습니다. 함께 바라다보는 세월이 있어 적적하지 않았습니다. 그러나 함께 머물렀던 이는 서로의 빛깔과 목적지가 다른 탓인가요. 어느 시절에선가 내리고 나는 다시 혼자 흘러갔습니다. 떠난 이의 뒷모습이 못 견디게 섭섭하여 눈물을 흘리기도 했지만, 다가오는 새로운 인연에 가슴 설레기도 했습니다.

오늘도 인연은 강물처럼 이어 흐릅니다. 떠나온 봄이 저만치 멀어지고 어느새 몇 겹의 세월이 흘러 푸른 물기 거둔 가을로 접어들었습니다.

요즘 한창 인기 있는 미스터 트로트 출신 이찬원이란 가수가 부른 '시절 인연'이라는 노래를 나직이 불러 봅니다.

'사람이 떠나간다고 그대여 울지 마세요
오고 감 때가 있으니 미련일랑 두지 마세요
좋았던 날 생각을 하고 고마운 맘 간직을 하며
아아 살아가야지 바람처럼 물처럼
가는 인연 잡지를 말고 오는 인연 막지 마세요
때가 되면 찾아올 거야 새로운 시절 인연'

~후략~

배경음악

초등학교도 가기 전이다. 작은언니와 추석에 사진관에서 사진 한 장을 찍었다. 개인 사진기가 흔치 않던 시절이다. 새 옷을 입고 엄마를 졸라서 찍은 것이다. 언니와 나는 새로 산 꽃무늬 포플린 원피스에 푸른 공단 리본을 달았다. 강물에 배 한 척이 떠가고 노 젓는 뱃사공이 있는 그림 앞에 앉아서 사진사가 시키는 대로 한참이나 이리저리 폼을 잡았다.

빛바랜 시간이 멈춰 있는 듯한, 사진관 벽에 걸린 그림 속 강물은 출렁 출렁이며 우리 자매의 배경음이 되어 주었다. 그러나 그 강물은 멈추지 않고 흘러 아득히 멀어졌다.

언제부터인가 시(詩) 낭송을 하면서 시와 어울리는 배경음악을 고르게 된다. 잔잔하게 흐르는 애조 띤 음악은 슬픈 시와 어울리고, 맑은 음률이 흐르는 곡은 청아한 시와 어울린다, 음악을 잘 선택하여 넣어주면 시가 지닌 의미가 더 큰 감동으로 전해지는 걸 느낀다.

어찌 보면 내 삶도 한 편의 시라 여겨진다. 세상 걱정 하나도 없이 부모 슬하에서 사랑 듬뿍 받고 자랐던 어린 시절은 맑고 투명한 동시였다. 따스한 아버지 어머니의 사랑이 배경음악으로 흘렀다. 중간 부분에 오빠 언니들의 사랑까지 경쾌한 음으로 넣어주니 듣기에도 즐거웠다. 그러나 그건 내 선택이 아니었다. 주어진 복된 운명의 배경음이었을 뿐이다.

어느 날부터인가 내 삶의 시는 지독히 슬픈 빛깔이 되었다. 건강의 상실로 할 수 있는 것들과 가야 할 곳들이 많은 제한을 받기 시작했다. 잃어버린 것들을 지켜보면서 어쩔 수 없는 체념으로 다져진 상처가 깊었다. 이번에는 내 운명에 적합한 배경음을 고르기로 했다. 현실은 슬프지만 잘 선택된 배경음이 내 삶의 빛깔을 아름답게 표현해 줄 수 있으리라 믿었기 때문이다.

그림을 그리기 시작했다. 하얀 화선지에 나무를 그렸고 강물을 그렸다. 깊은 숲속 새를 그렸다. 그림 속 물체들은 모두 자신의 색으로 소리를 내기 시작했다. 그리고 나는 수필을 쓰고 시를 썼다. 내가 쓴 것이 아니라 내 운명이 쓴 것이다. 문학 속에서 나는 현실에서 오를 수 없는 산의 정상을 오르고, 깊은 강을 건널 수 있었다. 그림과 수필과 시, 이 모든 것들이 슬프고 힘든 삶의 배경음악이 되어 준 것이다. 어린 시절은 주어진 운명이 배경음악이 되었다면, 지금은 내 삶에 스스로 배경음악을 선택해야 한다.

앞서지 않으면서도 앞선 대상을 환하게 비춰 돋보이게 하는 배경은 주인공보다 자신을 드러낼 수는 없지만, 주인공과 조화를 이루어 그 존재를 더 빛나게 해주는 역할을 한다. 이제부터 노년을 더 보람되게 살려면 하루를 돌아보고 비우는 겸허한 마음으로 배경음악을 준비해야 하리라.

해질녘이 아름다운 건 붉게 물든 노을이 들려주는 지혜가, 하루의 마지막 배경음악이 되어 주기 때문이다.

보약

흔히들 밥이 보약이라고 밥만 잘 먹어도 튼튼하다고 한다.

그러나 어린 시절 유난히 입맛이 까다롭고 편식이 심했던 나를, 어머니는 밥 만으로 지탱할 수 없을 거라며 온갖 약을 지어 먹이셨다. 그 쓴 한약의 맛에 익숙해지기도 했으련만 매번 못 먹겠다고 투정을 부렸다.

나는 콩나물 줄기처럼 휘청 키만 크는 아이였다. 오죽하면 아버지 친구분이 보시고 땅 넓은 줄은 모르고 하늘 높은 줄만 안다고 하셨을까. 그 후 고교 시절 뜻하지 않은 질병으로 병상에 눕게까지 되었다. 이런 지경에 이르니 어머니는 다시 몸에 좋다는 것을 수소문해 구해 오기 시작하셨다. 뜰 아래는 노상 약탕관이 뜨거운 김을 내뿜으며 분주했고, 아버지는 멀리까지 가서 어머니의 지시대로 보양 음식을 구해 오셨다. 더러는 먹기에도 역

겨웠고 그 가격도 당시로는 만만치 않은 것도 있었다.

그 후에도 여름 더위가 지나고 선선한 바람이 불면 땀 흘리느라 허해졌다고 보약을 지어오고, 겨울 지나고 만물이 생동하는 봄이 오면 체력 관리 해주어야 한다고 또 지어온다. 계절과 계절 사이의 틈을 메꾸어 주듯이 보약을 지어오는 것이다. 두 분은 약한 자식 건강하게 잘 감당하고 살라고 온갖 정성을 기울이셨다. 지금 그분들은 내 곁에 안 계시다. 그러나 어찌 보면 지금 내가 살아가는 힘이 그 당시 내게 베푸신 정성 때문이 아닌가 싶어진다. 오늘은 가리는 음식 없이 잘 먹고 땀 넓을 줄도 좀 알게 되었으니 말이다.

베란다에 화분 몇 개를 기르고 있다. 이름이 있거나 비싼 것은 아니지만 함께한 세월이 만만치 않다. 몇천 원 주고 사 온 것부터 친구가 이사 왔다고 가져다준 거까지, 나름대로 사연이 있는 것들이다. 그러나 동물이나 식물이나 생명이 있는 것들을 보살피며 함께 한다는 것은 결코 쉬운 일이 아니다. 때맞춰 물을 줘야 하고 분갈이도 해주어야 한다. 행여 기력이 달려서 시들시들하거나 누런 잎을 보이면 걱정이 되고 애처롭다.

그래서 요즘 자연 비료 만드는 일에 재미를 붙이고 있다. 부양자로서 베란다 식구들에게도 보약을 먹이려고 나름으로 노력하고 있다. 대단한 건 아니고 달걀을 먹고 껍질을 모아두었다가 잘게 부스러뜨려서 주고, 바나나 껍질도 말려 두었다가 준다, 커피 찌꺼기를 모아 효소로 발효시켜서 주기도 한다. 20살이나 된 크리스마스 선인장이 지난해 꽃을 피운 후에 잎이 다 떨어지고 시들시들해서 안타까웠다. 그런데 그 보약 덕분이지 새잎이 싱싱하게 나오기 시작했다.

그런데 또 요즘 관절에 좋다니, 장(腸)에 좋다니, 부쩍 텔레비전 광고에 나오는 건강식품에 전보다 더 많은 관심을 두게 되었다. 다 늙어가는 탓이려니 하다가, 육신의 보약만 열심히 채우느라 애를 쓰고 있는 내가 한심해 보이기도 했다. 식물은 잘 자라서 꽃피우고 열매를 맺으라고 열심히 보약을 해주지만, 나는 뭘 하려고 이렇게 챙겨 먹으려고 하는지 모르겠다. 코로나19 탓이라고 집안에서 뒹굴뒹굴하면서 책 읽는 것도 전만 못하고 글도 잘 못 쓰고 있으니 말이다. 게으름은 게으름을 낳는다고 점점 나태해지는 정신력의 회복을 위해서 아무래도 특별한 보약을 처방해야겠다.

일단 아래로만 가라앉은 터에 회생이 어려워 보이는 의욕에 신선한 정신을 넣어 끌어올리고, 오래된 속옷 고무줄처럼 한없이 늘어난 게으름도 부지런함으로 바꿔 바싹 땅겨줘야 할 듯하다. 포기와 방관이라는 잡초도 뽑아내어야 할 것 같다. 이 모든 걸 잘 버무리고, 질책이라는 쓴맛도 가미하여 보약을 한 재 지어본다. 오랫동안 방치했지만, 아직 가슴에 간직하고 있는 약탕관도 꺼내고, 열정이라는 풍로(風爐)도 찾아내어 불길을 돋우어 봐야겠다.

보약의 약효는 특별한 처방과 함께 달이는 이의 정성과 먹는 이의 간절한 마음이 합쳐져야 한다고 한다. 이 약의 효과로 못된 전염병의 창궐이라는 힘든 시기와 중년과 노년이라는 계절과 계절 사이의 허허로운 틈을 강건하게 넘길 수 있기를 기대해 본다.

어머니의 기침 소리

긴 장마로 힘든 여름을 보냈습니다. 세상을 다 떠내려 버릴 듯한 폭우가 지나가니 곳곳엔 무너지고 헐벗은 상처들이 가득합니다. 다 싸매주지도 못했는데 어느새 가을입니다.

집을 나섰습니다. 가을을 만나러 가는 길입니다. 힘들었던 시간의 옷을 벗고 잘 익은 군밤처럼 구수한 가을 냄새를 맡고 싶어서입니다. 까슬거리는 가을의 촉감도 만지고 싶습니다. 저만치 북한강 물줄기가 따라옵니다. 가을은 강물에 잠긴 산 그림자처럼 깊어져 설핏한 햇살 한 줌 놓치지 않고 출렁입니다. 문득 젖은 가을 속에서 아득히 어머니의 기침 소리가 들려옵니다. 숨넘어갈 듯이 쏟아놓는 기침 소리가 점점 가까이 다가오는 듯합니다.

외할머니는 어머니 11살에 3살, 젖먹이 삼촌을 남겨놓고 먼길을 떠나셨습니다. 어린 딸에게 어린 동생을 맡기고 떠나가야 하는 그분도 피눈물을 흘렸을 겁니다. 어머니는 어려서부터 노래를 잘했답니다. 밤새 울며 보채는 아기를 업고 노래를 들려주면 어느새 아기는 잠이 들고 어머니 노래는 눈물이 되어 허공으로 흩어져 버렸습니다.

그러나 불행은 거기서 끝나지 않았습니다, 8년 후 외할아버지마저 그리 정이 깊었는지, 외할머니 따라 훌쩍 세상을 떠나 버렸답니다. 어머니는 그 후 친척들이 주선해서, 동생 데리고 시누이가 셋이나 되는 집으로 시집왔습니다.

동생 몫으로 시골에 땅이 있어서 곡식이며 일용할 것들이 왔다지만, 시누이와 동생이 싸워도 역성 한 번 못 해줬답니다. 오히려 모질게 야단치고 돌아서는 그 마음이 얼마나 아팠을까요. 그래서 어머니는 노상 한숨 쉬듯 낮은 소리로 노래를 불렀습니다. 그러나 그 노래는 음표에 얹히지도 못한 채 나지막이 흩어져 버리는 속울음이었지요.

삼촌은 성장해서 제 길을 찾아갔지만, 어려서 엄마를 잃어서인지 건강이 안 좋아서 일찍 세상을 떠났습니다. 삼촌은 살아서나 세상 떠나서나 늘 어머니의 가슴께를 짓누르는 무거운 돌이었습니다. 그렇게 상처 난 가슴으로 고된 시집살이 견디고, 우리

5남매 낳아 키우던 어머니의 소슬한 어깨 위에 어느새 가을이 내려앉았습니다.

큰 자식들 출가시키고, 약한 막내딸 뒷바라지에 잃어버린 노랫소리 대신 천식 기침이 들어섰습니다. 밤새워 어머니의 가쁜 숨소리, 기침 소리와 함께 살아야 했습니다. 그때 나는 철없이 그 소리에서 벗어나고만 싶었습니다. 호흡 곤란이 오면 한밤중에도 구급차를 불러야 하는 절박한 상황을 감당하기에 몸과 마음이 지쳐버렸기에 그랬나 봅니다.

그러던 어느 날입니다. 어머니 방문을 열었는데 거친 기침 소리도 등 구부리고 참아내던 힘든 기척도 아무 소리도 들리지 않았습니다. 그 적막에 등골이 오싹하도록 한기를 느꼈습니다. 한 사람이 이 세상에 존재했기에 차지했던 따뜻한 시간이 멈춰버린 텅 빈 방 한가운데서, 나는 숨죽여 울어야 했습니다.

세월이 흘러 나 또한 가을에 접어들었습니다. 어머니 잃은 지 오래인데, 강물에 잠긴 젖은 산 어깨에서 다시 출렁이는 어머니의 노래를 듣습니다. 어머니의 세월이 담긴 노래가 더 잦아진 기침 소리로 들려옵니다. 말은 마음의 울림이라고 합니다. 기침은 몸 전체가 큰 울림으로 쏟아내는 또 하나의 말이라는걸, 그때 비로소 깨달았습니다. 밤새 기침하며 뱉어놓은 격한 언어는 그렇게라도 어머니의 심장을 빠져나와 허공으로 흩어지며 핏빛 기억을 더듬으셨나 봅니다.

가을 강물은 깊은 속내를 드러내며 시린 기침을 쏟아냅니다. 그 기침 소리에서 홀로 두고 간 막내딸의 안부를 묻는 어머니의 목소리를 듣습니다.

옛날에 태어났더라면

내가 사는 곳에서 서울까지 전철을 타고 나가자면 시간이 오래 걸린다. 그 지루한 시간을 책을 읽거나 창밖을 내다보는 것으로 보낸다. 다행히 1호선 전철은 거의 지상으로 달리기 때문에 스치는 풍경들을 볼 수 있고 덜컹거리면서 한강교를 지날 때면 철 따라 변하는 물빛도 바라볼 수 있다. 가끔 전철 안 승객들을 유심히 살펴보기도 한다. '저 사람은 어떤 사람이고 어디로 가는 길이지?'

옷차림으로도 사람들을 대강 가늠할 수 있겠지만, 오늘은 승객들의 머리 모양에 눈이 갔다. 학생이나 젊은 여성들은 거의 구불거림이 없는 긴 머리를 하고 있다. 신선하고 아름다웠다. 그보다 나이가 좀 있는 여성들은 단발 정도의 파마머리나 짧은 머리를 하고 있다. 활동적으로 보인다. 좀 더 연세가 많은 분은 머리에 바짝 달라붙을 만큼 짧고 바글거리는 파마머리를 하고 있다. 건사하기 좋게 될 수 있는 대로 되도록 강하게 구불거려 놓으니 대략 연령층을 구분할 수 있을 것 같다.

예전에는 머리 모양만으로 미혼과 기혼 그리고 신분까지 뚜렷하게 구분되었다. 삼국시대부터 우리나라 미혼 남녀의 기본 머리 모양이 댕기 머리다. 즉 귀밑머리는 처녀라는 하나의 상징이기도 했는데 결혼을 하면 댕기 머리가 변하여 쪽진머리가 되었기 때문이다.

여자가 15세가 되면 계례(笄禮)를 치르고 쪽진머리를 하였다. 성인식이다. 15세 미만으로 혼인을 할 때는 혼인 전날 계례를 하고 머리를 땋아 쪽 댕기를 하고 머리 뒤쪽으로 틀어 비녀를 꽂는다. 차차 혼인과 더불어 쪽을 짓게 됨에 따라 일반사회에서의 그 풍습이 없어지고 궁의 나인들 사이에서만 남게 되었다.

쪽 댕기의 색으로도 처지나 신분을 구분하기도 하였는데, 남편이 있는 젊은 여자는 붉은 자색, 노인은 검은 자색을 사용하고, 과부는 검은색, 상주는 흰색으로 하였다. 쪽진머리의 장식은 평상시에는 비녀와 뒤꽂이를 하였고 의식 때에는 화관이나 족두리를 사용하였다. 그리고 양반의 부녀자는 쪽의 위치를 목에 닿을 수 있도록 낮게 해주어 신분의 차이를 두기도 했다.

보통 미혼의 남성들도 댕기 머리를 많이 했는데 성년이 되면 미혼이더라도 상투를 틀었다고 전해진다. 어른 대접을 해줬다는 거다. 원래 노비들이나 천인들의 경우에는 도주를 막기 위해 머리를 삭발했다는 내용도 찾을 수 있으니, 머리 모양새로 운명을 거스를 수 없는 아픔도 있었구나 싶다. 물론 종교적인 이유로 삭발을 하기도 했다.

나도 어릴 땐 양 갈래로 머리를 땋고 다녔다. 예쁜 색의 리본으로 꾸미기도 했으니, 거기까지는 그런대로 옛 풍습과 비슷했다. 중고등학교 시절은 단발머리를 했고, 젊을 땐 긴 머리를 풀고 다녔다. 숱이 많은 검은 머리는 바람결에 출렁거렸고 빛나는 눈빛과 짙은 눈썹이 어우러져 이국적인 모습이었다.

시대의 흐름에 따라 머리 모양도 변했다. 요즘은 어린 소녀도 쪽 찐 머리 모양을 하기도 하고 아기 엄마들이 한 갈래로 땋고 다니기도 한다. 예전만큼 머리 모양만으로 신분이나 처지를 다 알 수는 없지만 그래도 비슷한 연령층이 선호하는 머리 모양새는 있는 것 같다. 나 또한 세월이 흐르면서 머리가 자꾸 짧아져 갔다. 길게 출렁이던 머리가 어깨 길이만큼 짧아지더니 이제는 더 짧아졌다. 숱도 윤기도 전만 못하고 관리하기도 힘들어졌다. 더구나 젊음을 잃어가는 얼굴과 조화를 맞추기도 어렵게 됐다. 그나마 억지로라도 상큼해 보이려고 생각해 낸 것이 더 짧은 머리였다.

옛날에 태어났더라면 여인들은 얼굴이 길거나 둥글거나 모나거나 모두 댕기 머리를 한 후 쪽을 졌을 거라는 생각이 드니, 현대에 태어난 것이 정말 다행스럽다는 생각이 든다. 갸름한 얼굴에 반듯한 가르마 유난히 쪽 찐 머리가 아름다웠던 어머니를 닮지 못한 아쉬움을 한탄하지 않아도 되니까 말이다.

한가로운 대낮의 전철 안에는 짧은 머리 여인들이 더 많은 것 같다. 덜컹덜컹 전철이 달려가듯 무심한 세월이 따라 흐르고 있다.

나이가 든다는 게

"나이가 든다는 게 화가나~ 지나간 시간이 아쉬워~"

유튜브에서 어떤 가수가 노래를 부릅니다. 고개를 끄덕이며 따라 불렀어요. 나도 나이를 먹으면서 화가 날 때가 많았거든요. 언제부터인가, 젊음의 그림자가 저 혼자 쏜살같이 가버리고 빛바랜 시간이 내 주위를 맴도는 무렵인 듯한데요.

어려서는 빨리 어른이 되고 싶었어요. 어른들이 눈 깜작할 사이에 세월이 간다고 해서 중학교 1학년쯤인가, 학교 통학버스를 타고 서서 눈을 깜박여 보았는데 여전히 버스 안에 나는 어린 소녀 그대로였던 거예요. 그런데 지금 와 생각하니 어느결에 중년을 지나 노년의 길로 들어서고 있으니, 정말 눈 깜짝할 사이에 세월이 가버렸네요. '무궁화꽃이 피었습니다' 놀이에서 멍청한 내가 술래가 되어 눈감고 숫자를 천천히 셀 때, 세월은 열 발자국 스무 발자국 빠른 걸음으로 움직였던 가 봐요. 약은 술래라면 실눈이라도 뜨고 세월의 발자국을 잡아야 하는 건데 말이지요.

그래서 생각해 보기로 했는데, 나이가 든다는 게 창피한 것도 아닌데 왜 화가 날까요? 언제부터인가 숱 많고 윤기 나던 검은 머릿결과 갓 세수한 것 같은 내 모습을 어디에서도 찾을 수 없을 때 크게 실망하며 고개를 돌렸거든요. 늘어난 흰머리와 주름이 세를 넓히며 지배하려 드니 그 외형적 변화 앞에 속수무책으로 당하고 있다는 무능함에 화가 났어요. 그뿐인가요. 새로운 것에 대한 설렘이 사라지고 의욕과 용기 앞에 멈칫거리며 주눅이 들어요. 깜빡깜빡하는 기억력이 당연하다는 걸 인정해야 할 때가 있지요. 기력도 전만 못해 건강식품 등 늘어나는 약병을 끼고 살아가는 모습도 측은해서 화가 납니다.

"어르신 이건 잘 모르실 겁니다." 사회에서 부딪히는 무수한 차별의 말과 시선을 어쩔 수 없이 감수해야 하니 화가 나겠지요. 아직도 많은 걸 할 수 있는데 말이죠. 그러고 보니 노랫말처럼 화가 나는 게 한둘이 아니더라고요. 그러다가 문득 나이를 먹었다고 자주 화를 낸다는 건 성찰의 측면이나 건강상 결코 좋을 수가 없는 거란 생각이 들어요. 혹 나이가 들어서 좋은 것은 없는 것인지? 한번 헤아려 봐야겠어요.

오랫동안 다니는 병원이 있습니다. 건강검진을 하러 갔는데,

방사선과 직원이 그러더라고요. "처음에 뵐 때는 말도 못 붙일 것같이 차가워 보였는데, 지금은 좀 달라지셨어요." 어떻게 달라졌냐고 물었더니 부드러워 보인대요. 고개를 끄덕였죠. 아, 나이 탓이구나. 세월이 마음속으로 들어와서 공간을 조금 넓혀 놓은 것 같아요. 여유로운 생각을 할 수 있게 된 거지요.

젊을 때는 불의를 보면 못 참아서 즉각 반응했고, 다른 이들에 대한 배려보다 나 중심적으로 생각할 때가 많았지요. 작은 일에 조바심치며 잠 못 들었고 그래서 살이 오르지 못했어요. 지금은 웬만한 일에 그러려니, 할 때가 많아진 것 같아요. 마음이 거처를 약간 넓은 곳으로 옮겨간 것처럼 몸매도 따라서 여유로워졌다고들 합니다. 젊고 날씬할 때 입던 옷들이 슬그머니 내 곁을 떠나 버렸거든요.

나이 들어간다는 것은 중심에서 점점 멀어진다는 것입니다. 주인공이 아니라 조연이 되고 그러다가 단역으로 바뀌고, 그래도 그 자리에 익숙해져야 편안합니다. 아직도 맡은 배역이 있다는 것만으로도 기쁨이라 여겨야겠지요. 지나간 시간이 아쉽다고 했지만, 그 시절이 내게 추억과 경험을 선물해 줬다는 생각이 들어요. 그건 감사지요.

숨이 가쁘도록 치열한 경쟁의 계절에서 벗어나, 소슬바람 부는 가을 길을 걸어가듯 천천히 나를 돌아보는 여유로움도 좋습니다. 책임져야 할 모든 일에서 조금씩 놓여났다는, 아쉽지만 홀가분함도 있을 겁니다. 자식들 기를 때 느껴보지 못한 손주 사랑은 책임에서 벗어난 편안한 사랑일 거라 여겨집니다.

화를 내기 전에 나이가 들어서 좋은 것들을 더 많이 찾아보아야겠습니다.

100세 생일을 맞은 할아버지에게 한 사람이 물었다고 합니다.

"할아버지, 나이 들어서 좋은 게 뭐가 있습니까?"

그러자 할아버지가 웃으며 말했지요.

"더 이상 보험 설계사들이 보험 들라고 귀찮게 하지 않더라고."

시간을 스캔하다

조금 전 내가 뭘 했나? 아무 생각이 안 날 때가 있다. 약을 먹고도 약을 먹었는지? 전혀 기억이 안 난다. 또 어느 곳에 놓아둔 물건도 기억이 안 나서 쩔쩔매기도 한다. 요즘 부쩍 그런 순간이 잦아진다. 물론 나도 어머니처럼 아주 오래전의 기억은 영상에 찍어 놓은 것처럼 선명하다. 오죽하면 어릴 적 일은 내 기억력을 따를 사람이 없다고 친구들 간에 입소문이 났겠는가.

요즘 내 기억의 저장고는 오래전 것들로 꽉 차서 새로 들어서는 시간이 머물 자리가 없는 것 같다. 나는 왜 낡은 옷들을 버리지 못하는 것처럼 '옛날'이라는 오래된 폴더를 소중하게 간직하고 있는 걸까. 그러다가 문득 시곗바늘 되돌리듯이 조금 전 내 모습을 확인해 볼 수 있다면 건망증이라는 처방에 좋을 텐데, 하는 생각을 해 본다.

얼마 전이다. 인사동에 물감과 붓을 사러 갔다. 시집을 내려고 준비하면서 수묵으로 삽화 몇 장을 그려보고 싶었기 때문이다. 그날은 유난히 더웠고 가게는 좁았다. 물감을 사고 만 원짜리 한 장을 주인에게 냈다. 여기까지는 기억이 선명하다. 다시 더 물건을 사면서 카드로 내야겠다는 생각이 들었다. 먼저 낸 돈을 돌려주시면 모두 카드 결제를 하겠다는 내 청에 주인은 돈을 받지 않았다는 거다. 혼란스러웠다. 분명 돈을 준 것 같았는데. 나는 돈을 냈다고 거듭 말했고 주인은 받은 적이 없다고 버티었다. 그때부터 난 슬금슬금 자신이 없어졌고 주인은 자신만만한 태도를 보였다.

결국, 주인이 CCTV로 확인을 해 보자고 제의를 했다. 아마도 가게에 새로 그 기계를 설치한 것 같다. 문제는 확인을 위해 데려온 사람이 기계 작동법을 잘 몰랐고 또 비밀번호가 걸려 있다는 거였다. 난 그 좁고 더운 가게에서 오랫동안 기다려야 했다.

드디어 화면이 열리고 조금 전 가게를 들어오는 내 모습부터 시간이 재현되었다. 한 손에 만 원짜리를 들고 있다. 그리고 조금 후 주인에게 그 돈을 건네주는 장면이 확인되었다. 주인은 즉시 '죄송합니다.'라고 말했고 나는 황당한 사건으로 흡사 범죄자처럼 30여 분을 좁은 공간에 감금 아닌 감금 상태로 있었던 것에 대해서 화를 내기 시작했다. 그러다가 생각했다. 주인도 나처럼 조금 전의 일을 기억하지 못한 것이다. 오늘의 나의 승리였지만 언제 이 상황이 뒤바뀔지도 모르지 않나. 거듭 미안하다고 하는 나만큼 나이를 먹은 주인을 연민의 눈으로 보기 시작한 거다.

다행이었다. 시간을 스캔해서 재현해 주는 CCTV 덕을 본 거다. 요즘은 사방에 설치되어 있어서 불편하기도 하지만 이런 사고나 범죄자를 색출하는데도 요긴하게 사용된다. 우스갯말로 요즘 세상에 사람들이 너무 많기도 하고 말썽도 잘 부려서 하나님도 다 살펴보시기 바쁘셔서 CCTV를 세상에 달아놓으신 거라고도 했다.

기계 덕분에 시간을 되돌려 나의 억울함을 밝혔다. 그러나 사람이 사람을 믿지 못하고 기억이 기억을 믿지 못하게 되었다. 시간을 되돌려 보여주는 기계의 발명으로 우리는 사람보다 기계를 더 신뢰하게 되어버렸다. 나 자신의 기억보다 선명하게 시간을 스캔해서 보여주는 기계를 더 소중히 여기게 된 것이다.

지친 하루를 보내고 집으로 돌아오면서, 머물고 싶었던 그래서 아쉽고 아름다운 시간도 스캔해서 되돌려 볼 수 있으면 좋겠다고 생각해 보았다. 아니, 깜빡거리는 기억력 때문에 각자 휴대용으로 시간을 스캔하는 기능을 달고 다녀야 하지 않을까도 생각했다. 다 저물녘 어두워지는 하늘빛 탓이라고 혼자 중얼거려 본다.

4부 _ 그리움은 자욱하게

안개 같은 미세먼지 속을 터벅터벅 걸어 돌아오는 길에 내내 눈물을 흘렸다. 날씨 탓이라고 둘러대다가 고개를 젓는다. 아니, 그분들을 향한 그리움이 녹아내리고 있어서일 거라고.

정동 길을 걸으며

시청역에서 전철을 내려 프란체스코 교육 회관까지 가는 중이다. 그곳에서 매월 문학모임이 있기 때문이다.

덕수궁 돌담을 따라 걷다 보면 점심을 먹고 커피를 하나씩 들고 오가는 사람들을 만난다. 짧은 시간의 여유가 커피 향으로 다가선다. 이들의 어깨에 걸쳐진 한낮의 햇살은 길지 않은 멈춤에도 너그러운 웃음으로 눈부시다. 가끔 거리공연을 하는 이들도 만나는데 잠시 그들을 지켜봐 준다. 무심히 스치는 관객들의 걸음에도 열정의 몸짓은 쉬지 않고 움직인다. 결국, 누구를 위함이 아니라 자신들을 위한 공연이다.

커피 향이 흐르고 음악이 쉬어가는 거리의 풍경 속으로 천천히 걷다 보면 정동교회가 보인다. 정동교회는 내가 유년 교회학교에 다닌 곳이다. 조선 말기에 지어진 역사를 하고 있으면 사적

제256호라고 한다. 붉은 벽돌 건물이 옛 모습 그대로 보전되어 있어서 지날 때마다, 오래된 책에서 나는 듯한 기억의 냄새가 나는 것 같아서 기웃거렸다.

여름방학이 시작되면 손꼽아 기다리던 성경학교가 시작됐다. 푸짐한 간식에 재미있게 만들었던 공작품도 모두 특별했다. 웃는 얼굴이 선한 선생님이 들려주던 성경 이야기도 재미있었다. 성탄이면 예수님 탄생을 알리는 마리아와 요셉, 동방박사들이 등장하는 성극에 출연했던 눈 맑던 아이는, 조카와 조카 친구들까지 손잡고 부지런히 교회를 다녔었다.

한참이나 정동교회 앞에서 서성이다 다시 발길을 돌린다. 이화여고 정문 앞쯤에서인가, 초등학교 2학년쯤 되어 보이는 한 아이가 손에 운동화를 벗어들고 맨발로 뛰어가는 것이 보인다. 달아오른 아스팔트 위를 맨발로 걸어보지 않겠냐는, 수덕이란 이름을 가진 친구의 속삭임에 솔깃해졌나 보다. 아이의 친구는 먼저 고무신을 벗어들고 뛰기 시작했다. 그 뒤를 용감하게 뒤따라가는 눈이 큰 아이가 낯익다. 발바닥에 달궈진 아스팔트의 열기가 전해진다. 어른들이 보면 분명 야단칠 일이지만 눈빛이 재미있다는 듯이 반짝인다. 얼마큼이나 달렸을까? 길이 끊어진 것처럼 기억이 사라졌다. 달려가던 어린 나도 시야에서 멀어졌다. 발바닥 전체로 퍼지던 따끈따끈한 아스팔트의 촉감만 여전히 남아 있는 듯하다.

인도의 산티데바 성자는 '세상은 너무 상처받기 쉬운 곳이다. 그래도 우리가 세상을 걸어가야 한다. 그럼 상처받지 않기 위해서 어찌해야 하나. 세상에 가죽을 댈 것인가? 내 발에 가죽을 댈 것인가? 세상에 가죽을 깐다는 것은 어리석고 불가능한 일이다. 결국, 자신의 발에 가죽을 대야 한다.'라고 했다. 아이가 맨발로 달려간 곳의 끝자락은 자신의 발에 가죽을 대야 하는 조심스러운 어른들이 사는 세상일 것이다.

구두를 신은 어른들이 저벅저벅 걸어가는 길 한끝에 서서 아이들이 사라진 길을 아쉬운 눈빛으로 돌아다본다. 건강을 잃어버리고 약한 몸으로 살아오면서 하나씩 하나씩 체념해야 하고, 포기해야 하는 아쉬움을 달래려고, 또 모난 세상의 모서리에 상처 입지 않으려고, 그동안 한여름 날에도 남들보다 더 두꺼운 가죽신을 신고 살아야 했다. 덥다고 하지도 못했다. 벗어버릴 수도 없었다. 내 운명이었기 때문이었다.

그러나 이 거리를 걸으면서 문득 맨발로 달려가던 그 시절을 떠올려 본다. 그리고 다시 그날로 돌아가고 싶어졌다. 상처를 입기를 두려워하지 않고 해맑은 웃음으로 달려가는 그때처럼, 서늘한 바람 한 자락 걸치고 달려갈 수 있다면 얼마나 좋을까.

어긋나다

1.

지난해 가을이었다. 책상에서 일어나다 휘청 넘어지면서 무언가를 짚었는데 바퀴가 달린 물체였다. 그 물체와 함께 미끄러지면서 한 손으로 바닥을 강하게 짚었다. 그 충격으로 손목이 골절되었다. 병원에 가서 압박붕대와 보호대로 고정해 놓았는데 일주일 만에 갔더니 뼈가 어긋났다고 한다.

의사는 몇 주를 두고 보자고 하더니, 어그러진 상태로 굳게 둘 수는 없지 않겠느냐고 결국 수술을 권했다. 나는 예전에 긴 투병생활을 떠올리면서 수술만은 피하고 싶었다. 기적이 일어나서 뼈가 제대로 붙었으면 하고 바랐다. 그러나 그런 일은 끝내 일어나지 않았다. 결국, 큰 병원으로 옮겨 수술로 어그러진 뼈를 맞추고 핀으로 고정해 놓아야 했다.

깁스를 한 채로 일상 생활하기가 아주 힘들었다. 나를 위해서 수십 년을 약한 다리 몫까지, 힘든 일도 무거운 짐도 마다하지 않은 손목이다. 조심스럽게 대하고 아껴주지 못한 미안함을 거듭 사과하면서 긴 시간을 보냈다. 애써 오른손이 아니라 왼손임을 감사하면서 한여름이 아닌 것도 감사하면서 보냈지만, 그 회복 과정이 힘들고 어려웠다.

2.

한 친구와 마음과 마음이 어긋났다. 친구의 허물과 부족함까지 감싸주지 못한 내 탓이었다. 크게 신경을 쓰지 않고 한 행동이었는데 친구는 화를 많이 냈다. 친구는 오랫동안 마음을 풀지 않았다. 나 역시 깊고 너그럽게 친구를 대해주지 못한 일로 자책하면서 몹시 힘든 시간을 보냈다.

어그러진 관계를 회복하기 위해서도 뼈를 깎는 아픔이 따라야 함을 알았다. 따져보면 나라고 섭섭한 일이 없었겠는가. 그러나 잘 잘 못을 따지면 서로 변명하게 되고 더 많이 서로에게 상처를 입힐 수도 있다고 여겼다. 그래서 그냥 미안하다고 했다. 그리고 더 많이 친구를 이해하고 더 많이 사랑으로 대하지 못한 나를 탓했다. 친구도 나를 좋아했고 믿었기 때문에 더 많이 섭섭했던 것이었으리라,

3.

오래전 흘러간 외국영화를 보았다. 하도 오래돼서 제목도 생각나지 않는다. 내용을 대강 추려보면 사랑하는 연인이 함께 떠나자는 약속을 했다. 여자는 비행기 시간에 맞춰가려고 했는데 시간을 놓쳤다. 남자는 여자가 함께할 의사가 없어서 오지 않은 거로 생각하고 아쉬워하면서 떠났다.

그리고 남자는 다른 여자와 결혼해서 아이까지 낳았다. 오랜 시간이 지난 후 그들은 운명처럼 우연히 만났고 다시 사랑을 시작하게 되었다.

아내는 이혼을 원하는 남편과 함께 차를 타고 무섭게 질주했다. 죽어도 이혼은 할 수 없다는 것이었다. 결국, 두 사람은 사고로 죽음을 맞이하게 된다. 어긋난 것이다. 시간이 어긋나서 운명이 바뀌었고, 다시 만났지만 바로 맞춰지지 않은 뼈마디처럼 편안할 수 없었다. 남자의 아내도 사랑하는 사람을 품고 사는 사람과 만났기에 결코 행복할 수 없었다. 그도 어긋난 운명의 피해자인 셈이다.

단순하지도 않고 늘 편안하지도 않은 세상은 수많은 어긋남을 만든다. 그 어긋남으로 인해 사람들은 아파하고 고통스러워한다. 심지어는 운명이 바뀌기도 한다. 그것을 바로잡고 살아가기도 쉽지는 않지만, 그 쉽지 않은 일들이 세상과의 연(緣)을 이어 주는 끈이 되기도 하고 질서가 되기도 한다.

내 팔목엔 수술 흉터가 남았다. 아직 힘을 주는 일은 조심스럽지만, 수술로 바로 잡아주었기에 이제는 팔을 사용하기에 큰 불편함이 없다. 이젠 친구도 마음을 풀었으리라. 아직은 약해진 팔목처럼 조심스럽고 간혹 돌아보면 흉터 같은 앙금도 남아 있겠지만, 시간이 가면 흉터가 흐려지는 것처럼 서로가 서로에게 섭섭함 대신 따사로움으로 함께 하리라고 기대해 본다.

이름 모를 씨앗을 심고

친구에게 얻어 온 씨앗 한 움큼. 무슨 씨앗이냐고 물었더니 잘 모른단다. 그저 오붓하니 흰빛의 자잘한 꽃이 피고 풍선처럼 작은 주머니가 조랑조랑 열린다고 했다. 나는 동글동글 다부지게 영근 씨앗을 손바닥에 올려놓고 신기해했다. 그다음 날 화분을 마련해서 씨앗을 심어놓고 매일매일 들여다보았다. 사실, 넓지 않은 베란다에 화분 몇 그루 가꾸면서 아침에 눈 뜨자마자 그것부터 바라보면서 하루를 시작하는 게 나의 일과이다.

얼마 전에 잘 자라고 있는 부겐빌레아 화분을 더 크고 좋은 것으로 바꿔주었는데 그만 잎이 모두 지고 줄기마저 말라버렸다. 난 그 화분에 물을 주고 비료까지 얹어주면서 매일 아침 눈이 뚫어지게 쳐다보았다. 어디선가 실낱같은 삶의 끈이라도 놓지 않고 있다가 잎이 돋아나 주기를 기다리면서였다. 그러면서 오랜 시간이 지난 것 같다. 좌절하기도 했고 너무한다고 원망도 했다. 그러다가 발견한 눈곱만큼의 잎 싹에 환호했다. 포기하지 않았기 때문이다.

그러나 이름 모를 씨앗을 묻은 화분은 나의 간절한 눈빛 발사에도 불구하고 묵묵 잠잠하기만 했다. 눈빛을 접고 포기하려는 순간 드디어 싹이 돋아나기 시작했다. 저도 제 운명을 감지한 것은 아닐까. 막 화분을 치워버리려고 하던 참이었다.

하나가 깨어나서 땅을 밀치고 올라서더니 하루 이틀 간격으로 콩나물시루처럼 촘촘하게 새싹이 솟아 올라왔다. 며칠을 신기해하고 대견하게 여기다가 그만 고민에 빠졌다. 아이 많은 집의 좁은 방 속처럼 줄기를 세우고 자라날 공간이 부족한 거다. 결국, 몇 개를 솎아내야 할 것 같은 생각이 들었다. 몇 번을 들여다보고 몇 번을 솎아내려고 손 내밀기를 거듭하면서도 끝내 뽑지 못했다. 무언가 그들의 절규가 들리는 듯해서다.

"왜 나에게 살아갈 기회를 주지 않는 거죠?"

그들은 시간 속을 헤엄치고 햇볕과 바람에 영글었다. 다시 만날 계절과 약속을 위해 희망을 안고 지난 계절을 보냈을 것이다. 그리고 오늘은 생명의 싹을 틔우기 위해서 무거운 흙덩이를 밀치고 나왔는데, 너무 하지 않느냐고, 살고 싶다고 그렇게 소리치는 듯해서다.

얼마 전에 친구 딸이 오랜 불임으로 인공수정을 했다. 번번이 실패하다가 어렵사리 아이를 가졌지만, 세 아이가 잉태되었는데, 건강한 한 아이의 성장을 위해서 약한 아이들을 포기해야 한다고 했다. 아이 엄마도 울고 섭섭해했지만, 어쩔 수 없는 선택을 했다. 빛도 보지 못한 두 아이는 엄마 뱃속에서 떠나 온 곳으로 다시 돌아가면서 뱉어내지 못한 울음을 삼켰으리라. 아니, 어쩌면 우리가 보고 듣지 못했을 뿐이지 야속하다고, 제 운명을 한탄하면서 펑펑 눈물을 쏟았는지도 모르지 않나.

우리는 그 아이들을 애처로워했지만 이내 잊어버리고 기억하지 못하는 것처럼 화분에 이름 모를 새싹들도 그저 그렇게 허무하게 사라져야 하는 건가.

나는 그 싹들이 좀 더 자라는 것을 보면서 고민하다가 결국 실팍한 싹 두 개만 남겨놓고 나머지 싹을 조심스럽게 뽑아내기로 했다. 매정한 선택이지만 어쩔 수가 없었다. 그러나 이내 뽑힌 싹을 들고 아파트 화단으로 나가서 심어주었다. 잘 자라라고, 꽃도 피우고 열매도 맺고 씨앗으로서의 사명을 다하라고 빌어 주었다.

그 후 외출할 때면 일부러 돌아가서 자라는 양을 들여다보았다. 처음에는 몹시 힘들어하면서 잎이 축 처져 있어서 가슴이 짠했다. 그러나 나가는 길에 꼭 물을 가져다가 뿌려주면서 지켜보았더니 얼마큼 지난 후에 조금씩 기력을 찾기 시작했다. 아마 얼마 후면 집 안에 심어진 것들보다 더욱 푸르게 성장하지 않을까, 기대하여 본다.

작은 풀꽃 하나라도 의미 없이 이 세상을 왔다 가는 것은 없다. 하늘의 뜻이며 약속이며 의무이다. 그 약속을 위해서 우리는 소중한 생명을 지켜주고 손을 내밀어 성장하도록 도와주어야 하지 않을까. 이름 모를 씨앗을 심고 내 나름대로 희망이라는 이름까지 지어주면서 신의 큰 섭리를 깨우치고 있으니 이 또한 축복이라 여긴다.

구닥다리

카메라가 흔치 않았던 시절이다. 친구는 아이들을 사진 속에 담고 싶어서 폐품을 팔았고 그 돈을 들고 동네 사진관으로 데려갔다고 했다. 강물이 흐르는 배경 앞에서 새 옷 입은 아이들은, 한 장의 흑백사진으로 남았다.

고등학교 시절 친구들과 소풍 가는 날, 오빠에게 빌린 카메라에 필름을 사 넣었다. 스물네 방짜리 필름이 다 없어질 때까지 사진을 찍고는 아쉬워했다. 현상소에 맡긴 사진을 인화해서 친구들과 보면서 즐거워했다. 세월은 흘러갔지만, 그 사진은 여전히 추억이란 이름으로 사진첩에 머물고 있다. 사진 속 빛바랜 얼굴들도 지금쯤 어디쯤에서인가 늙어가고 있겠지.

유행하는 디지털카메라를 샀다. 필름을 사서 넣지 않아도 된다. 어려운 작동 법을 익히지 않아도 되는 건 물론이고 찍은 사진을 금방 볼 수도 있다. 신기했다. 뿐인가 포토샵을 배운 탓에 디카로 찍은 사진은 보정도 가능했다. 그러나 그도 잠시, 카메라가 장착된 스마트폰이 등장했다. 일반 디카 못지않은 화소를 자랑하는 폰카의 수요자들이 늘어나기 시작했다. 폰카로 찍은 사진은 수정 보안도 가능하고 인화하지 않아도 화면으로 즉시 볼 수 있다. 그뿐인가. 카톡을 통해 친구들과 공유해서 볼 수도 있다.

폰카의 일반화다. 남녀노소 누구나 여행을 가거나 가까운 공원에서나 사진을 찍는다. 찍어주고 찍히고 하는 것도 번거롭다. 스스로 자신의 모습을 담을 수 있는 셀카기까지 등장했다. 그런데 그 시간의 색이 화려한데도, 사람들은 다시 필름을 넣고 찍던 흑백사진을 그리워하기 시작했다.

작은 공간에서 화면을 응시하고 앉아 있다. '찰칵!' 하는 셔터 소리와 함께 순간이 화면으로 옮겨간다. 조금 기다리면 사진이 나온다. '아날로그 사진' 흑백이다. 이어 종이에 인화된 사진을 선물해 준다. 이 같은 '포토그레이'라는 흑백사진 기사가 요즘 유행이란다. 주말에는 젊은이들이 기계 앞에 줄을 선단다.

왜일까? 구닥다리가 주는 재미다. 새로운 것, 낯선 것으로만 달리던 걸음이 어느 순간 어제 속 그리운 것으로 뒤돌아가고 있다. 요즘 흔치 않은 옛것에 열광하는 것은 빠르게 변화하는 현실에서 얻을 수 없는 또 다른 만족을 찾기 위해서다.

디카 사진이나 폰카 사진은 순간을 그대로 옮겨오는 기분이다. 그러나 필름 카메라는 현실로 볼 수 없는 좀 더 깊은 곳까지 담아내는 맛이 느껴진다. 색으로 덮어졌던 생채기가 그대로 드러나 보이는, 흑백만으로 그려내는 추억이 짙어진다. 내일이 되도 지워지지 않는 시간 속 시간을 찍어내는 것만 같다.

아버지가 어머니가 우리를 이해 못 한다고 구닥다리라고 답답해했는데, 언제부터인가 우리도 구닥다리가 되어가고 있다. 보이는 것도 생각하는 것도 젊은 세대와 같을 수 없다. 잊히는 것보다 더 슬픈 건, 곁에 있는데 관심 밖으로 밀려나는 일이다. 오래된 가구, 늘 그 자리에서 잊는지 없는지 존재조차 희미해지는 일이다. 그런 구닥다리 사람도 옛 물건을, 풍속을 그리워하듯이 다시 그리워 불러보는 존재가 될 수 있을까.

나도 '포토그레이'라는 흑백사진을 한번 찍어보아야겠다. 다시 돌아가고 싶은 꿈의 현상소를 만들기 위해서다. 구닥다리가 된 사람이 구닥다리 사진 속에 멋지게 남고 싶은 것이다.

나는 쫓겨난 게 아니라네

며칠 전에 밖으로 내쫓겼다. 남들처럼 빛깔 고운 꽃을 피우는 것도 아니요, 단지 잎의 청청함을 보기 위함인데 매일 비실거리고 있으니, 주인님의 인내심에도 한계가 온 것이다.

주인님은 한동안 나를 두고 꽤 고민하는 듯했다. 사실 철 따라 꽃을 피우는 화분들을 관리하느라 베란다 구석에 처박아두기는 했지만, 인정은 있는 편이어서 간혹 눈길을 주곤 했다. 내 몸에 달라붙은 진드기를 떼어 주느라 몸을 거꾸로 물속에 담그고 흔들어 주기도 했는데 난 그때 숨이 막혀서 캑캑거리며 호들갑을 떨었다.

병들고 약한 나를 지켜보던 주인님은 드디어 결심한 듯했다. 눈앞이 캄캄해졌다. 아, 드디어 뿌리째 뽑혀서 쓰레기통으로 던져질 거구나. 염려와 탄식으로 몸 둘 바를 모르는 내 모습을 지켜보던 화분 식구들이 제각기 한마디씩 했다. 지금 막 꽃을 피워서 칭찬과 사랑을 잔뜩 받는 산세비에리아는 어깨를 으쓱거리면서,

“너도 나처럼 꽃을 피워봐. 내 꽃을 보면 복이 온다는 말도 있어 그만큼 귀한 거라네. 그리고 꽃향기는 얼마나 진한지 아니. 숨이 멎을 정도라네. 그러니 주인님이 당연히 사랑하지.”

그 곁에는 얼마 전에 새 화분으로 옮긴 부겐빌레아가 새잎들을 나풀거리면서 까불어댔다.

“난 조금 있으면 꽃을 피울 거야. 내 꽃은 종이같이 얇고 나풀거려서 정말 아름다워. 주인님도 기다리고 있을 거야.”

나는 한숨을 푹 내쉬었다. 이제껏 주인공이 되기보다는 화분 꾸밈의 곁가지 역할로 지냈다. 그래도 이 집에 와서는 화분 하나를 차지하고 있었다는 게 꽤 자랑스러웠는데. 그도 제 역할을 하지 못한 채 베란다 한쪽 구석에 자리 잡고 지낸 지가 꽤 됐다. 주인의 눈길조차 받지 못한 채로 주눅이 들어 있고 꾀죄죄한 것이 며칠 굶은 유기견처럼 초라하기 그지없다.

그러나 같이 살아온 정이 얼마인가. 군자란은 말없이 조용한 눈빛으로 날 위로하는 듯했고, 게발선인장과 문주란도 애처로운 표정을 지었다.

주인님은 꽃삽으로 내 뿌리를 감싸고 있는 흙이 될 수 있는 대

로 넓게 파서 비닐봉지에 조심스레 담아 놓았다. 그 순간 나는 심장이 쿵쿵 뛰면서 숨이 멎을 지경이었다.

비닐봉지를 들고 밖으로 나간 주인님은 아파트 화단 한쪽을 파기 시작했다. 난 그때까지 당연히 쓰레기통으로 가거나 풀밭에 던져버릴 거라는 절망적인 생각을 하고 있었다. 그러나 주인님은 부드러운 곳을 찾아 될 수 있는 대로 깊이 파고 나를 심었다. 그리고 주위를 두둑하게 흙으로 덮어주었다.

"자, 여기가 이제부터 너의 집이야. 잘 살아라. 안녕!"

주인님은 서운한 표정을 짓고 있다. 나도 눈물이 나서 어쩔 줄 몰라 했다.

그러나 금세 사방을 신기로운 눈빛으로 둘러보기 시작했다. 빨간 장미가 나를 내려다보고 있다.

"넌 누구지?"

그뿐인가. 베란다 창틈으로 기웃이 비추던 좁다란 하늘 대신, 넓게 펼쳐진 푸른 하늘이 내려다보고 있다.

"우아, 하늘이 저렇게 넓었구나!"

정신을 차리지 못하고 쩔쩔매는 동안 주인님은 어느새 들어가 버렸는지 보이지 않았다. 그제야 혼자 남겨진 섭섭함에 가슴이 서늘해져서 몸을 움츠렸다.

어느새 어둠이 슬슬 내려오니 곁에 꽃들은 잎을 오므리고 잠이 들었다. 나도 잎을 포개고 눈을 감아본다. 그러나 잠이 그리 쉽게 오겠는가. 함께 있던 친구들도 그립고 또 미우나 고우나 물도 주고 다독여 주던 주인님도 그리워진다.

낯선 곳에서 선잠으로 뒤척인 나를 깨워준 건 아침을 품고 온 햇살이다. 그 후 나는 며칠을 뜨거운 열에 시달려야 했다. 타는 듯, 한 갈증에 헐떡거리면서 주인님을 원망하기 시작했다. 그러나 내쫓겨진 서러움과 자리 잡지 못한 뿌리 탓에 축 처진 어깨를 다독여 세워준 건 빗방울이었다. 아파트 사이를 한숨에 달려온 바람은 또 얼마나 시원하게 열기를 식혀 주었던지. 아침이면 내 몸에 촉촉한 웃음으로 매달려 있던 이슬이 스르르 미끄러져 풀잎으로 내려앉으며 이마를 짚어주었다. 나는 조금씩 기력을 찾기 시작했다.

줄기가 자라고 푸른 잎들이 팔을 쫙 펼치고 하늘을 휘젓기 시작했다. 뿌리가 움찔움찔 뻗어 굳게 자리를 잡을 때, 나는 베란다에 있는 화분 속 친구들에게 큰소리쳤다.

"너희들, 저렇게 넓은 하늘 봤어. 난 매일 본다고."

어깨를 으쓱이며 또 소리쳤다.

"너희들 빗물 샤워해 봤어? 바람 손잡고 춤춰 봤냐고?"

문득 하늘을 올려다보았다. 우와, 캄캄한 하늘에 총총 반짝이는 별들이 알은척하며 손을 흔드는 것이 아닌가. 천국이 어디 있는지 궁금했었는데 별을 보고 잠이 드는 곳, 이곳이 아닌가. 달빛은 또 얼마나 부드럽게 나를 감싸 안아주는지. 나를 괴롭히던 진드기는 어디로 갔는지 흔적도 없다. 아마 햇살과 바람이 떨어낸 것 같다.

"나 사철나무는 쫓겨난 것이 아니라네. 더 크고 아름다운 세상 정원에 주인공이 되었다네."

나는 목청 돋우어 소리쳤다.

"더 크고 아름다운 세상 정원에 주인공이 되었다네."

메아리도 덩달아 소리쳤다.

그리움은 자욱하게

며칠째 미세먼지가 극성을 부렸다. 세상이 온통 희뿌옇게 덮여 시야가 흐리다. 먼 산도 먼지 속에 잠겨버렸고 하늘은 몇 겹의 엷은 천을 두른 듯하다. 작은 먼지가 모여 세상을 덮어버리다니.

다 막을 수는 없지만, 마스크라도 쓰고 볼일을 봐야겠다 싶어서 시청으로 향했다. 만기 된 여권을 새로 발급받으러 가기 위해서다. 담당자는 이리저리 눌러보아도 지문이 안 나온다며 몇 가지 질문으로 본인임을 확인하겠다고 했다.

"부모님 성함은요?"

"아버지 성함은 이 *자*자입니다."

아, 얼마 만인가. 아버지 성함을 오랜만에 소리 내어 불러보니, 아득한 옛날 속에서 아버지가 깨어나 내게로 다가오는 것 같이 갑자기 가슴이 먹먹해졌다.

아버지와 어머니의 성함을 대고 출생지를 대는 순간, 그 기억만으로 난 아버지와 어머니의 딸임이, 본인 자신임이 증명되었다.

또한, 그분들의 막내딸로 서대문 집 안방에서 첫울음을 터뜨리던 그 시절로 되돌아간 듯도 하다. 그랬지, 그랬었지. 난 그분들의 피를 받고 몸을 받고 태어나 사랑과 염려로 성장하던 딸이었지. 그 당연한 사실을 까마득히 잊고 있다가 새삼 깨달아지는 것 같이 소스라치게 놀랐다.

오래전 초등학교 입학시험 날이다. 수 세기, 색깔 맞추기, 그림 그리기 등 간단한 시험을 보았다. 그리고 면접 시간이다. 아버지 이름은? 엄마 이름은? 어디 살지? 생년월일은? 물었다고 기억한다. 물론 자신 있게 아버지 이름, 엄마 이름도 큰 소리로 대답했다. 주소까지도 정확하게 답했는데, 하도 오래 외고 기다리다 보니 생일을 달력에도 없는 4월 49일이라고 대답했다.

그러나 생일을 엉뚱하게 대었어도 어린 딸이 아버지 엄마 이름도 또박또박 곧잘 답하고 그림도 잘 그렸다고 칭찬이 대단하셨다. 어느새 커서 본인들의 이름을 기억하고 말할 만큼 자랐으니 무척 대견하셨던 거다.

다른 아이들도 다 할 수 있는 그 대단치 않은 행동을, 자신의 자식만이 할 수 있던 것처럼 기특히 여기셨던 두 분이 내 곁을 떠난 지 수십 년이 지났다. 그 딸도 까무룩 늙어가고 있다. 오늘도 하늘나라에서 딸이 대답한 두 분의 이름에 만족하고 자랑스러워하고 계실까?

이름이 가져다준 추억 속에 잠시 젖어 있다가 담당 직원에게 여권 사진을 건넸다. 그리고 모니터로 사진을 보는 순간 내 얼굴 속에 있는 그분들의 모습에 또 한 번 놀랐다. 내 눈매와 콧마루에 돌아가실 무렵의 아버지가 있다. 갸름한 턱선과 이마, 전체적인 느낌에 노년의 어머니가 머물고 있다.

사진관에서 까만 천을 뒤집어쓴 사진사가 한 손에 플래시를 들고 찍은 우리 집 흑백 가족사진엔 내가 없다. 아직 태어나기 전이었기 때문이다.

그러고 다시 가족사진이란 것을 찍기가 쉽지 않았나 보다. 한 장 두 장 스냅사진이 있지만, 아쉽게도 아버지 어머니와 형제들이 함께한 사진이 없다. 그러나 사진관에서 찍은 한 장의 여권 사진 속에 신기하게도 그분들이 나와 함께 머물러 있는 것을 본 것이다.

아, 얼마 만에 불러보는 그분들의 이름인가. 얼마 만에 만나보는 그분들의 모습인가. 미세먼지처럼 수많은 시간이 나의 기억을 자욱하게 가렸어도 생생하게 머무는 그 이름과 모습에 가슴이 저렸다.

안개 같은 미세먼지 속을 터벅터벅 걸어 돌아오는 길에 내내 눈물을 흘렸다. 날씨 탓이라고 둘러대다가 고개를 젓는다. 아니, 그분들을 향한 그리움이 녹아내리고 있어서일 거라고.

동장군

'소한 추위는 꾸어서라도 한다.' 대한(大寒)이 소한 집에 왔다가 얼어 죽었다는 속담도 있는데, 올해도 역시 소한 추위를 톡톡히 했습니다. 봄같이 따뜻했던 날씨 속에서는 "겨울은 그래도 추워야 할 텐데." 하며 염려들을 했는데, 갑자기 호된 추위가 닥쳐오자 추워서 못 살겠다고 야단들입니다. 동장군의 진격으로 꽁꽁 얼어붙은 날씨만큼 마음도 얼어붙었는지 모르겠습니다.

동장군은 겨울 장군이라는 뜻으로, 혹독한 겨울 추위를 비유적으로 이르는 말입니다. 서양의 동장군은 나폴레옹의 러시아 전쟁에서 왔고 우리나라의 동장군은 임진왜란 때 왔습니다.

나폴레옹 1세가 1812년 5월 31일 45만 대군을 이끌고 알프스 산맥을 넘어 러시아 원정에 나섰으나 전쟁이 장기화하면서 겨울을 맞게 되고 때마침 불어닥친 초속 20m가 넘는 강풍과 혹한으로 그해 12월 8일 퇴각하게 되는데 이를 두고 '겨울 혹한이 막강한 전투력보다 더 무섭다'라고 했다고 합니다.

2차 세계대전 때도 히틀러로부터 러시아를 구했습니다. 뿐인가요 임진왜란 때, 왜군들은 우리나라의 혹독한 추위 때문에 많은 고생을 했다고 합니다. 그러니 전쟁을 승리로 이끌어 혁혁한 공을 세운 분이 바로 동장군이십니다.

승승장구 전쟁을 이끈 장군답게 시퍼런 위엄을 떨치던 동장군이 요즘 우리나라를 쥐락펴락하면서 흔들고 있습니다. 그 서슬퍼런 추위 탓에 온몸을 패딩점퍼와 목도리로 감싸고도 춥다고 야단들입니다.

그동안 실내도 따뜻하고 교통도 발달하여 많이 걸을 필요도 없으니, 찬바람과 마주 설 기회가 없었던 거지요. 추위에 익숙해 있지 않아서 더 추운 거 같습니다.

그러나 이러한 동장군이 요즘은 옛날 전쟁터의 군인들 목숨만을 위협하는 게 아닙니다. 세계를 휩쓸고 있는 몹쓸 역병으로 인해 경제적으로도 어려움을 겪고 있는 이들의 가슴을 꽁꽁 얼게 만듭니다. 포기하고 싶을 만큼 막막한 현실 속의 희망 없는 이들에게 겨울 추위는 더욱 견디기 힘든 어려움입니다.

하지만 겨울은 봄으로 가는 길목입니다. 아무리 추워도 겨울은 그 자리를 봄에 내어줄 수밖에 없습니다. 동장군이 기승을 부릴 때 우리는 그 너머로 기웃거리는 이른 봄을 봅니다.

기세등등하게 저벅저벅 큰 걸음으로 다가왔지만, 이제 패잔병처럼 힘이 빠진 동장군이 물러설 즈음 길섶 한 모퉁이에서 푸릇한 새싹이 고개를 내밀 겁니다.

마음 검진

2년마다 하는 건강검진이지만 올해는 대장내시경을 꼭 해봐야겠다고 다짐했습니다. 준비 과정이 어렵고 힘들어서 미루어 오다가 큰 결심을 한 것입니다. 주위 분 중에 조기 검진을 하지 않아서 뒤늦게 고생하는 걸 보았기 때문입니다.

밤새, 모두 비워야 더 잘 보인다는 그 만만치 않은 준비 과정을 거치느라 눈은 쑥 들어가서 퀭하게 됐고 엄청난 양의 물을 마시느라 기진맥진했습니다. 아침 일찍 병원으로 향하면서 그런 나를 측은하다고 다독였습니다. '만남은 그 자체로 의미가 깊은 거야 더구나 보이지 않는 내 안의 나를 돌아보는 일이 쉬울 수는 없잖아'

두려움에 조금 불안해하는 나와 달리 의사는 표정 없는 얼굴로 카메라를 단 길고 가는 금속 호수를 내 몸에 밀어 넣었습니다. 보이지 않는 곳에서 수십 년 동안 나를 지탱해 주는 장기(腸器)들의 안녕을 살피려고 입니다.

잠든 사이 검사는 끝났습니다. 의사는 사라지고 빈 침대에 누워 눈꺼풀에 남은 잠을 털어내고 있었습니다. 그러다 문득 생각했습니다. 분명히 존재하는 내 마음은 내 안 어디에 있는 걸까요? 오늘처럼 카메라 달린 긴 호수를 넣어서 살펴볼 수는 있는 걸까요? 짐작하건대 심장 가까운 곳에 방 하나 빌려서 살고 있을 거로 생각해 봅니다. 그대를 그리면, 그대를 만나면 그 떨림으로 이렇게 심장이 두근두근하니 말이지요.

오늘은 약한 몸으로 험한 세상 살아가느라 힘들었을 마음을 만나 보려 합니다. 비워야만 만날 수 있다고 하기에, 허세와 교만 아집과 독선, 게으름까지도 쏟아버리고 비워내 봅니다. 그 과정이 수도자의 오랜 고행처럼 쉽지는 않겠지요.

마음을 더듬어 들추어내니 양파 껍질 벗겨내듯 눈물이 쏟아집니다. 그래도 눈물 콧물 펑펑 쏟으며 씻어냈습니다. 그러고 말끔하게 빈 마음을 구석구석 살펴보았습니다. 더러는 고달프기도 하고 슬프기도 했을, 혹은 상대편의 곱지 않은 눈길이나 말 때문에 깊게 팬 상처는 매운 고춧가루 쏟아부은 듯 아리더라고요. 불룩하게 뭉쳐있어 그대로 두면 더 중한 병으로 자리 잡을 미음과 분노의 덩어리들도 여러 개 자리 잡고 있었습니다. 힘들게 잘라냈습니다.

의사는 대장에서 용종 2개를 잘라냈다고 하면서, 변화하는 몸 상태를 위해서 정기적인 검진을 당부했습니다. 마음도 마찬가지라 여겨집니다. 잘라냈다고 하지만, 비웠다고 하지만, 사노라면 어쩔 수 없이 부딪혀 생채기 생기고 미움과 분노들이 다시 켜켜이 쌓일 겁니다, 끊임없이 나를 낮추고 비우고 살펴보아야겠지요. 마음의 정기검진을 권합니다. 조기 발견만이 더 큰 병으로 가지 않기 위한 최상의 방법이기 때문입니다.

채우지 못한 쿠폰

쫑이가 내 곁을 떠난 지 벌써 두 달이 지났습니다. 시간은 힘이 세나 봅니다. 갈수록 무거워지는 기억을 안고도 여전히 급하게 달려갑니다. 집 안 구석구석에 남겨진 흔적이 맴돌아 눈물을 글썽이다가 마침내 유품을 정리하기로 했지요. 그 옷을 입고 행복해하던 표정을 지울 수는 없겠지만, 좋아하던 물건들 또한 아깝지만 모두 내다 버리기로 마음을 먹었습니다. 진하게 담겨 있는 빛깔과 냄새들을 조금씩 잊어버릴 수 있을까 해서이지요.

섭섭해하지 말아요. 으르렁거리지도 말고요. 피부가 약해서 특별히 사들인 약용샴푸나 떠나기 전까지 먹었던 닭죽 캔은 이웃에 사는 나이 지긋한 친구에게 선물했습니다. 그러고 나서 간식 통을 뒤지는데 바닥에 쿠폰이 보이더라고요. 20개를 모으면 오리고기 간식을 하나 더 준다고 해서 한 장 한 장 정성껏 모아

놓은 거였습니다. 세어보니 18장이네요. 아쉬웠습니다. 2장을 더 채우지 못하고 떠나가다니.

'에잇! 조금 더 있다가 가면 간식 하나 공짜로 얻는 건데. 하늘나라에 더 맛난 것이 가득했나 보네.' 혼자 중얼거리다가 또 눈물을 글썽였습니다.

퍼그종 쫑이는 생후 3개월, 귀엽고 통통한 모습으로 큰형부 품에 안겼습니다. 그리고 1년 후, 잘 보살펴 달라는 형부의 간절한 유언과 함께 나를 찾아왔지요. 그때만 해도 몰랐습니다. 그 만남이 내게 더욱더 큰 위로와 사랑으로 이어지리라고는.

나는 잘 웃지 않는 사람이었습니다. 사진을 찍으면 시무룩한 표정. 눈썹 끝에는 슬픔이 비 온 뒤끝처럼 매달려 있었고요. 친구들이 그랬지요. 웃어보라고. 하지만 웃음이란 것이 아주 오래전부터 내 것이 아닌 양 낯설었어요. 그런데 어느 날부터 신기하게도 사진 속에 내 표정이 달라지더라고요. 조금씩 입가에 웃음이 번지기 시작했어요.

외출 후 집에 돌아오면 반가워서 어쩔 줄 몰라 하면서 매어 달리고, 간식을 더 달라고 애교떠는 표정이 너무 웃겨서 입을 크게 벌리고 웃지 않을 수 없었지요. 내가 누우면 똑같은 모양으로 곁에 누워 버둥거리는 엉뚱한 몸짓에 나도 몸을 뒹굴며 깔깔거

렸지요. 슬픔 대신 웃음을 달고 사니 웃을 일이 더 많아지더라고요. 그렇게 15년 동안 그 천진한 웃음에 내 슬픔을 얹어 희석하며 살았습니다.

지난봄 쫑이는 유선종 수술을 했습니다. 망설였지요. 견공 나이 16살이면 사람 나이로 100세가 넘는 어르신입니다. 수술하기 어려운 상황이었습니다. 그래도 몇 프로의 가능성에 기대를 걸었습니다. 다행히 수술 후 잘 회복되어 몇 달을 편하게 보내기에 나의 선택을 칭찬했습니다. 그리고 그해 여름,

쫑이는 버킷리스트에 '혼자서 산책하기'를 적어 놓았는지 생전 처음 뜻밖에 가출 사건을 벌였습니다. 혼비백산한 식구들이 찾으러 나갔을 때, 아파트 뒤뜰에서 유유히 산책 중이었답니다. 함께 나가지 않으면 절대 문밖으로 나가지 않았었는데…. 돌이켜 생각하니 혼자 떠나기 위한 연습이었는지도 모릅니다.

그러고 나서 얼마 후이지요. 숨이 멎을 듯이 기침을 하기 시작했지요. 병원에 다녀도 증상이 나아지지 않았어요. 얼마나 고통스럽고 힘들었을까요. 풍선에 가득 찼던 바람이 서서히 쉬이~ 쉬이~ 소리 내며 빠져나가듯이 팽팽하게 버티던 몸체가 생기를 잃고 쭈그러들었습니다. 매일 아침 눈뜨면 하나씩 하나씩 잡고 있던 생명의 끈들과 멀어지는 소리를 들어야 했습니다. 휘청거리며 버티고 서 있는 몸짓이 너무 애처로워서 끌어안고 눈물을

흘려야만 했지요. 그러다가 끝내 다른 세상으로 떠나갔지요.

미안해요. 그 앞으로 다가서는 죽음 앞에 불안해하며 구석진 곳으로 파고드는 모습을 다 감싸주지도 못했습니다. 너무 고통스러워하는 모습을 지켜보기 힘들다고 안락사까지 생각했었습니다. 나만 믿고 의지하고 있는 한 생명을 아낀다는 명분을 내세우면서입니다.

쫑이는 단순히 귀여운 견공만이 아니었어요. 말하지 않아도 마음이 통하는 친구였으며, 나에게 웃음을 선물했고 사랑을 줄 수 있는 대상이 되어 준 소중한 존재였어요. 마지막 가는 모습을 통해 삶과 죽음의 경계를 넘어가는 엄숙한 의미를 가르쳐 준 스승이기도 했다고.

여전히 쫑이는 내가 책을 볼 때면 두 손을 내 무릎에 얹고 낮잠을 잡니다. 식탁을 올려다보면서 맛난 것을 내놓으라고 소리칩니다. 외출 후 현관문을 열고 들어오는 내게 너무 늦게 돌아왔다고 꽥꽥거리며 야단을 칩니다. 그리고 오늘은 스스로 웃음을 만들며 살아가라고 넌지시 일러주었지요. 그리고 나 자신을 위해서도 쿠폰을 모으라고도 권하네요. 그래요, 삶의 기쁨 하나 덤으로 얻으려고, 20장 100장 채우려고 하루하루 열심히 달력에 밑줄 치면서 희망을 모으려 합니다. 다 채우지 못한 아쉬움을 남기지 않으려고 말입니다.

다시 돌아가고 싶다

2020년, 설 명절을 지나고부터 세상 돌아가는 기운이 심상치 않았습니다. '코로나19' 듣도 보도 못한 무서운 바이러스가 세상을 휘젓고 다니기 시작했기 때문입니다. 강한 전파력으로 금세 우리나라를 비롯한 세계를 초토화했습니다. 아이들은 학교에 가지 못하고 직장인들은 출근 대신 재택근무를 하게 되었습니다. 도서관도 문화센터의 교육프로그램들도 중단되었습니다. 거리엔 인적이 끊어지고 상가들은 문을 닫았습니다. 나도 집안에 갇히게 되었습니다.

지난해 팔목 수술 후 면역력이 떨어졌기에 더 조심해야겠다고 생각했습니다. 그래도 처음에는 좀 지나면 괜찮겠지, 라는 기대를 했습니다. 날씨가 따듯해지는 봄에는 수그러들겠지 했습니다. 그러나 시작은 분명히 있었는데 끝은 좀처럼 다가오지 않았습니다.

교회는 영상예배로 대체되었고 아주 급한 일이 아니면 병원 방문도 자제해야 했습니다. 동창회 모임도 취소되었습니다. 아주 잠깐 마스크와 안경으로 무장하고 가까운 마트를 다녀오는 게 외출의 전부였습니다. 우리 아파트 단지 안에서 확진자가 나왔다고 하면 집 밖으로 나가는 것도 무서워 벌벌 떨었습니다. 그렇게 몇 달을 보냈습니다. 친구들은 내가 집에서 책을 많이 읽고 글도 많이 쓰면서 지내겠지, 생각합니다. 그러나 외부와 철저히 차단된 내 생활은 자유롭게 움직여야 할 생각의 기운까지 좁은 공간에 가둬버렸습니다.

'무풍지대'라는 글을 어느 책에서 읽은 기억이 납니다. 바람과 파도가 전혀 없는 지역. 바람은 잔잔히 깊은 잠을 자고 있습니다. 공기조차 멈추어 사물들은 모두 멈춰 굳어버릴 듯했습니다. 나는 바람이 전혀 불지 않는 시간에 머문 듯했습니다. 사방은 무섭도록 적막합니다. 그럴 때가 가장 견디기 어려웠습니다. 영영 그곳에 갇혀 숨이 막혀 버릴 것 같은 두려움이지요. 자신의 색을 지니지 못한, 무풍지대는 무력함이며 퇴보입니다. 특히 예술가에게는 치명적인 독이라고 합니다.

전에는 복지관과 교육프로그램, 친구 만남 등 일주일에 몇 번 외출했습니다. 나가는 날은 알림을 설정해 놓고 일찍 일어났습니다. 서둘러 식사를 하고 신문은 대강대강 큰 제목만 훑어보고 또 서둘러 화장하고 옷을 챙겨 입고 집을 나섭니다. 외출 전날 내일 무엇을 입을 것인지도 생각해 놓고 준비물도 미리 챙겨놓습니다. 바쁘게 서둘러야 시간 맞춰서 도착지에 닿을 수 있기 때문입니다. 그리고 저녁이면 기분 좋을 만큼의 피로를 안고 집으로 돌아오곤 했습니다.

요즘은 어떠냐고요? 늦도록 텔레비전을 보다가 창밖에서 어둠이 수런수런 물러날 즈음까지 곤한 잠 속에서 헤맵니다. 그러다가 느릿느릿 몸을 일으켜 세웁니다. 급한 것도 바쁜 것도 없습니다. 헐렁헐렁한 편한 옷을 입고 부스스한 모습으로 늦은 아침을 먹습니다, 그러던 어느 날 마스크를 벗고 거울을 보았습니다. 생기 없는 얼굴, 흥미를 잃은 눈빛도 불과 몇 달 전의 내 모습과 달라 보였습니다. 마스크를 써야 하니 얼굴에 신경 쓸 일도 없고 특별한 모임에 갈 기회가 줄어들었으니, 옷차림에도 신경 쓸 일 없습니다. 그저 하루해를 덤덤히 보내니 글이 써질 리가 없습니다.

'느긋하게 헤엄치듯, 그럭저럭 세월을 마치는 것, 그것이 지혜로다.' 공자가 편찬한 것으로 알려진 「춘추좌씨전(春秋左氏傳)」에 수록된 작자 미상의 시에서 말합니다. 목전의 일들은 대수롭지 않게 여기고 꼴 보기 싫은 사람 만나지 않고 크게 화를 내지도 않고 그야말로 스트레스를 최소화한 삶에 대하여 말합니다.

그러나 그런 삶이 정말 좋은 걸까요? 정말은 작은 마음의 흔들림도 작은 부딪힘도 오히려 젊음을 유지하는 비결이 될 수 있습니다. 적당히 아프기도 하고 적당히 신나기도 하고 슬퍼도 하고 즐거워도 해야 합니다. 타인과 경쟁도 해야 하고, 맘에 드는 옷도 사야 하고 그 옷을 입고 나들이 갈 설레는 꿈도 꿔야 합니다. 삶에 파장이 없이 그냥 그럭저럭 지내다 보니 노화가 촉진된 듯합니다.

늙는다는 건 자극과 욕망으로부터 멀어지는 겁니다. 그저 현실에 안주해 버리는 겁니다. 누군가를 미워하는 것도 불평하며 욕하는 것도 대상에게 관심이 있기 때문입니다. 무심한 일상에는 삶의 바람이 불지 않고 파도도 일지 않습니다. 그저 그러거나 말거나 하고 있으니, 색깔도 없고 맛도 없는 음식을 먹듯이 재미가 없는 겁니다.

늘 분주한 세상에 시선을 두고 살아왔기에 막히고 닫히고 정지된 일상이 더욱 답답했습니다. 갇힌 일상을 경험한 한 해였지만, 살아가느라 부딪쳤던 모든 것들이 실은 삶의 수레바퀴를 돌리는 힘찬 바람이었음을 알았습니다.

바쁜 일상으로 돌아가고 싶어집니다. 설혹 다시 마주쳐야 하는 삶이 버거워도, 몇 달 사이 몸도 마음도 늙어버린 내게 활기찬 젊음을 찾아주고 싶습니다.

악마의 덩굴

1. 유기(遺棄)

사방을 두리번거리며 아무도 모르게 계단 앞에 가만히 내다 놓았다. 내가 한동안 책임지고 살폈던 생명체를 그리 유기한 것이다.

그날따라 비가 추적추적 내리고 있었으며 그런 탓인지 인기척도 드물었다. 애써 서둘러 발길을 돌리는데 올려다보는 그 눈빛이 애잔하고 원망스럽기까지 했다.

기르던 강아지를 내다 버리는 이들을 인간도 아니라고 욕했다. 주인만 바라보고 사는 말 못 하는 짐승을 어떻게 버리느냐고, 격하게 흥분해서 욕을 해댔다. 똑같이 버림을 당해봐야 한다고 악담까지 했다. 그런데 오늘 내가 한 생명체를 그리한 것이다.

언니가 친구 집에서 줄기 한 가닥을 얻어왔다. 내가 뭔가 키우는 걸 좋아하고 잘 건사하니까 그랬던 듯싶다. 무심코 빈 화분에 꽂아놓았는데 얼마 후에 보니까 새순이 돋아났다. 처음엔 살아 있다는 게 신기했다. 뿌리를 내리니 대견하기도 했다. 그러나 며칠 만에 보니 한 뼘은 자란 것 같다. 줄기를 사방으로 휘저으면 기댈 곳을 찾고 있다가 옆에 스무 살도 넘은 산세비에리아 몸체를 감기 시작했다.

그때 문득, H 출판사가 떠올려졌다. 내가 가는 미용실도 생각났다. 온 벽을 휘감고 종횡무진 줄기를 뻗어 올리는, 흡사 무차별적으로 공격하듯이 점령하는 그 왕성한 생명력에 놀라움과 동시에 무서움까지 느꼈다.

그 집의 주인이 사람이 아닌 그 식물인 것처럼 보였기 때문이다. 뿐인가. 우리 집은 겨울이면 베란다가 추워서 화분을 실내로 들여놓아야 한다. 저 무성한 덩굴을 어떻게 관리해야 하나, 하는 부담감이 슬슬 다가서기 시작했다.

그러나 이 한동안의 망설임은 어이없게도 어느 유튜브 영상에서 집안에 덩굴식물을 키우면 재운이 막힌다는 이야기를 듣고부터 확고하게 정해졌다.

내 속의 또 다른 내가, 구태여 나쁘다는 걸 할 필요가 있겠느냐고 꼬시기 시작한 것이다. 그래서 어쩔 수 없이 누군가가 데려가 주기를 희망하면서 경비실 계단 앞에 내다 놓았다.

2. 개구멍받이

이틀이 지났다. 행여 누군가가 쫓겨난 그 가엾은 화분을 가져갔는지 궁금해졌다. 슬쩍 그 앞을 지나가 보리라 하며 기웃거리는데, 저런 아직도 그 자리에 그대로 있는 것이 아닌가. 웬만한 화분은 내놓기가 무섭게 집어 가는데.

아파트 입구에 있는, 화초를 잘 키우는 부동산중개소 앞에 몰래 놓아줄 걸 그랬나? 옛날엔 그렇게 들어오는 업둥이를 내치지 않았다고 하는데 말이다. 꽃을 좋아하니 들어온 화분을 모르는 체하지 않을 것 같기도 해서다. 아니, 큰 길가에 철물점이 더 낫지 않을까? 그 주인도 가게 앞에 꽃을 많이 키우고 있으니까. 화분 개구멍받이까지 생각하면서 나는 다시 깊은 고민에 빠졌다.

3. 공개 입양

사흘이 지났다. 화분은 아직도 그대로 계단 앞에 있었다. 버림받은 처지도 아랑곳하지 않고 푸른 줄기는 여전히 기댈 곳을 찾느라 몸을 휘젓고 있었다. 그때 마침 경비 아저씨를 만났다. 나는 솔직히 유기를 고백하고 도움을 청해야겠다는 결심을 했다.

“집에 화분이 많아서요. 덩굴이 잘 퍼진다고 하니 누군가가 가져가서 잘 길렀으면 좋겠어요.”

얼마 후 경비 아저씨는 지나가는 주민들에게 설명하고, 설득

하면서 입양처를 구해주려 애쓰고 있었다. 몇몇 주민들이 그 설명을 진지하게 듣고 있었다. 드디어 그다음 날, 계단 앞에 화분은 없었다. 호의적으로 설명을 듣던 어떤 아주머니가 가져가신 게 분명하다.

'우리의 인연은 이것뿐이었어. 좋은 주인 만나서 잘 살기를 바라.'라며 돌아설 때, 어쩜 빗물 탓인지 우는 듯 보였던 스킨답서스 눈빛이 자꾸 어른거린다. 생명력이 강한 것도 흠이 되는지, 푸른 줄기가 넘실대니 관상용으로도 좋고 인체에 해로운 것들을 제거하는 공기 정화 능력도 우수하다던데….

미친 듯한 번식력 때문에 악마의 덩굴이라고도 불리는 '스킨답서스' 그 이름이 오랫동안 쿵쿵거리며 가슴 위를 뛰어다녔다.